Milton Keynes UK
Ingram Content Group UK Ltd.
UKHW020913111124
451035UK00018B/1570

9 789358 727937

دیارِ حرم میں
(حج سفر نامہ)

علقمہ شبلی

© Alqama Shibli

Dayar-e-Haram mein *(Hajj Safarnama)*
by: Alqama Shibli
Edition: October '2024
Publisher :
Taemeer Publications LLC (Michigan, USA / Hyderabad, India)

ISBN 978-93-5872-793-7
9 789358 727937

مصنف یاناشر کی پیشگی اجازت کے بغیر اس کتاب کا کوئی بھی حصہ کسی بھی شکل میں بشمول ویب سائٹ پر اَپ لوڈنگ کے لیے استعمال نہ کیا جائے۔ نیز اس کتاب پر کسی بھی قسم کے تنازع کو نمٹانے کا اختیار صرف حیدرآباد (تلنگانہ) کی عدلیہ کو ہو گا۔

© علقمہ شبلی

کتاب	:	**دیارِ حرم میں**
مصنف	:	**علقمہ شبلی**
صنف	:	سفر نامہ
ناشر	:	تعمیر پبلی کیشنز (حیدرآباد، انڈیا)
سالِ اشاعت	:	۲۰۲۴ء
صفحات	:	۱۱۴
سرورق ڈیزائن	:	تعمیر ویب ڈیزائن

۳

مندرجات

اعتذار ۷

پھول کھلنے لگے ۱۱

حج کا ارادہ ۱۲ | حج کی تیاری ۱۴ | ٹیکہ ۱۵

بیت الحجاج میں ۱۶ | روانگی ۱۶ | ہوائی اڈے کے اندر ۲۰

ہوائی جہاز میں ۲۱

جدہ ہوائی اڈہ ۲۳

کسٹم شیڈ میں ۲۴ | مدینۃ الحجاج ۲۴ | مکہ معظمہ روانہ ہوئے ۲۶

مکہ معظمہ ۲۷

خانہ کعبہ کی تعمیر ۲۷ | مکہ میں قیام ۲۸ | بیت اللہ ۲۹

طواف ۳۰ | سعی ۳۲ | مکہ کے ہوٹل ۳۳

پہلا جمعہ ۳۳ | مکہ میں پہلی صبح ۳۴ | چاہ زمزم ۳۵

مدینہ کو روانگی ۳۶

۴

مدینہ منورہ ۳۷

مسجدِ نبوی میں	۳۹	مسجدِ نبوی کے دروازے	۴۰	روضۂ اقدس	۴۰
روضۃ الجنۃ	۴۱	مسجدِ نبوی کے ستون	۴۲	اصحابِ صُفّہ	۴۳
دربارِ رسالتؐ میں حاضری	۴۴	انور خاں سے ملاقات	۴۴	مدینہ میں پہلی صبح	۴۵
حُجّاجِ کرام کی بھیڑ	۴۶	مسجدِ نبوی کے گرد دکانیں	۴۷	شہدائے اُحد	۴۸
پانچ مسجدیں	۴۹	مسجدِ قبا	۵۰	مسجدِ قبلتین	۵۰
مسجدِ جمعہ، مسجدِ غمامہ	۵۱	نمازِ جمعہ	۵۱	مسجدِ نبوی کا بالائی حصہ	۵۲
مسجد ابوذر غفاری	۵۲	جنت البقیع	۵۳	کھجور کی منڈی	۵۴
فیض اور ظفر	۵۴	مسجدِ نبوی میں نمازیں	۵۴	مدینہ سے روانگی	۵۵
ذوالحلیفہ	۵۶	فجر کی نماز	۵۷		

پھر مکہ معظمہ ۵۸

اردو نیوز	۵۹	خطبۂ جمعہ	۵۹	کھانے کے لئے قطار	۶۰
شوپر مارکیٹ	۶۰	مسجدِ حرام کی چھت پر	۶۱	ایک اجنبی	۶۲
تسنیم سے ملاقات	۶۳	غسلِ کعبہ	۶۳	مدرسہ صولتیہ	۶۴
قربانی کا کوپن	۶۴	ایک اجنبی نوجوان	۶۵	مسجدِ حرام میں ایک اور جمعہ	۶۶
فیضان صاحب شفا خانے میں	۶۷	صنوبر کی شادی	۶۸	ڈاک خانہ	۶۸
حاجیوں کی بڑھتی ہوئی تعداد	۶۹				

آغازِ حج ۷۰

منیٰ کو روانگی	۷۰	منیٰ	۷۱	ورودِ منیٰ	۷۲
ایامِ حج	۷۳	منیٰ میں پہلی صبح	۷۴	حادثۂ منیٰ	۷۵
قیام گاہ پر	۷۷	ہندوستانی سفارت خانہ	۷۸	شب گزاری	۷۸

۵

عرفات	۷۹	وقوفِ عرفات	۸۰	عرفات میں کھانا	۸۲
مزدلفہ کو روانگی	۸۲	وقوفِ مزدلفہ	۸۴	مزدلفہ سے روانگی	۸۵
پھر منیٰ میں	۸۶	رمی جمرِ عقبہ	۸۸	طوافِ زیارت	۸۹
منیٰ کو واپسی	۹۰				

منیٰ سے واپسی ۹۳

حادثہ کے متاثرین	۹۳	احتیاطی تدابیر	۹۶	نزلہ زکام	۹۶
خواجہ صاحب کا ٹیکس	۹۷	منظور صاحب	۹۷	النور ہسپتال	۹۸
آخری جمعہ	۹۹	غلافِ کعبہ	۱۰۰	مکہ کے مقدس مقامات	۱۰۱
مولد النبیؐ	۱۰۱	مولدِ صدیقؓ	۱۰۱	مولد علیؓ	۱۰۱
حضرت خدیجہؓ کا گھر	۱۰۱	جنت المعلیٰ	۱۰۲	مسجدِ تنعیم	۱۰۲
جبلِ نور	۱۰۲	جبلِ ثور	۱۰۳	بھکاری اور جیب کترے	۱۰۴
چند مشورے	۱۰۴	مکہ میں آخری دن	۱۰۵	طوافِ وداع	۱۰۵

مکہ سے واپسی ۱۰۷

مدینۃ الحجاج میں	۱۰۸	انتظار خانے میں	۱۱۰	ہوائی جہاز میں	۱۱۱
ہوائی اڈے پر	۱۱۱				

٦

إِنَّ صَلَاتِي وَنُسُكِي وَمَحْيَايَ وَمَمَاتِي
لِلّٰهِ رَبِّ الْعٰلَمِينَ ۝ لَا شَرِيكَ لَهٗ وَ
بِذٰلِكَ أُمِرْتُ وَأَنَا أَوَّلُ الْمُسْلِمِينَ ۝

——— سورۃُ الانعام

ترجمہ : بیشک میری نماز اور میری قربانی اور میری زندگی
اور میری موت سب اللہ ہی کے لئے ہے، جو سارے
جہانوں کا پالنے والا ہے۔ اس کا کوئی شریک
نہیں اور اسی کا مجھے حکم دیا گیا اور میں سب سے
پہلا فرماں بردار ہوں۔

اعتذار

مجھے ۱۴۱۷ھ / ۱۹۹۷ء میں حج بیت اللہ کی سعادت نصیب ہوئی اور تاجدارِ مدینہ شہنشاہ کون و مکان محبوب خدا حضرت محمد مصطفیٰ صلی اللہ علیہ وسلم کے گنبدِ خضرا کے دیدار سے آنکھوں کو روشن کرنے کا موقع ملا۔ حج سے فارغ ہو کر جب دیارِ حرم سے واپس آیا تو متعدد دوستوں اور عزیزوں نے حج کی روداد لکھنے پر راغب کرنا چاہا لیکن اس خیال سے جرأت نہیں ہوئی کہ یہ پاکیزہ موضوع جس طہارت و شیفتگی، سوز و گداز اور دین و مذہب سے واقفیت و رغبت کا متقاضی ہے، اُن سے میں محروم ہوں اور یہ سوچ کر بھی لکھنے پر طبیعت مائل نہیں ہوئی کہ اس میں نمود و نمائش کا ایک پہلو بھی تھا اس لئے میں ٹالتا رہا۔

۸

رمضان شریف سے پہلے ایک دن میرے ایک کرم فرما تشریف لائے اور اپنے حج میں جانے کے ارادے کا اظہار کیا۔ میں نے اس نیک ارادے پر انہیں مبارک باد دی اور حج کے سلسلے میں اپنے تاثرات کا بھی اظہار کیا۔ اُن کا اصرار ہوا کہ اگر میں ان تاثرات و حالات کو تفصیل سے قلم بند کردوں تو حج میں جانے والوں کے لئے مفید معلومات فراہم ہوجائیں اور دلوں میں حج کے لئے جذبۂ شوق بھی پیدا ہو۔ میں نے جب اپنے شکوک و شبہات کا اظہار کیا تو میرے ایک عزیز، جو گفتگو میں شریک تھے، کہنے لگے کہ ان پر قابو پانے کا واحد ذریعہ یہی ہے کہ آپ اخلاص کے ساتھ اپنا سفر نامۂ حج لکھنا شروع کردیں اس سے بہتوں کا بھلا ہوگا اور آپ بھی دعاؤں خیر کے مستحق ہوں گے اب کوئی راہ فرار نہیں تھی۔ رمضان شریف آتے ہی میں نے حج کے حالات لکھنا شروع کردیا۔ روزنامہ "آزاد ہند" کلکتہ کے مدیر محترم جناب احمد سعید ملیح آبادی نے اسے اپنے اخبار میں قسط وار شائع کرنے کی پیش کش کی اور نیوز ایڈیٹر جناب منیر نیازی پابندی سے قسطیں لکھنے کے لئے جھنجھوڑ کر جگاتے رہے۔ میں اُن کا مرہون احسان ہوں۔

ارادہ تھا کہ سرسری طور پر دو چار قسطیں لکھ کر ختم کردوں گا تاکہ لوگ اکتاہٹ محسوس نہ کریں لیکن جب روداد شائع ہونے لگی تو یہ دیکھ کر حیرت ہوئی کہ لوگ اسے دلچسپی سے پڑھ رہے ہیں اور نہ صرف اسے جاری رکھنے بلکہ کتابی صورت میں شائع کرنے کا مطالبہ بھی کررہے ہیں۔ قدردانوں کی ہمّت افزائیوں سے میرا حوصلہ بڑھا اور میں لکھتا چلا گیا۔ سولہ قسطوں میں یہ سفر نامہ ختم ہوا پھر بھی لوگوں کی تشنگی باقی رہی۔ یہ محض ربّ کعبہ کا فضل و احسان ہے کہ اس نے میری تحریر کو تاثر بخشا اور لوگوں کے دلوں کو اس کی طرف پھیر دیا۔ اب اسی روداد کو ترمیم و اضافہ کے ساتھ کتابی صورت میں پیش کرنے کی جرأت کررہا ہوں۔

اس سلسلے میں یہ وضاحت ضروری ہے کہ یہ ایک کم علم اور بے بضاعت زائر کا سفر نامۂ حج ہے۔ اس میں دینی مسائل سے بحث نہیں کی گئی ہے۔ میں اس کا اہل بھی نہیں کہیں کہیں اشارات ضرور ہیں۔ تفصیلی بحث کے لئے مسائل حج کے

کتابوں اور رسالوں کا مطالعہ مفید ہوگا۔

نسیم عزیزی سلّمہٗ نے مسودے کو صاف کر کے میری ایک بڑی مشکل آسان کر دی، اُن کے لئے دعائیں۔ محمود عالم قاسمی صاحب نے کم وقت میں اسے اپنے حسنِ کتابت سے آراستہ کیا اور علیم اللہ صدیقی صاحب نے موقلم کے کمال سے سرِورق کو مزیّن کیا۔ میں اُن کا شکرگزار ہوں۔ مقصود حسن صاحب سلّمہٗ نے نفاست کے ساتھ اسے چھاپا۔ خدا انہیں دین و دنیا میں بامراد کرے!

آخر میں ربِّ کریم سے التجا ہے کہ اگر اس تحریر میں کوئی فروگزاشت اور سہو و بھول چوک ہو گئی ہو تو اسے درگزر فرمائے اور راہِ مستقیم پر چلنے کی توفیق عطا کرے!

علقمہ شبلی

۷ر مارچ ۱۹۹۸ء

اِنَّ اَوَّلَ بَيْتٍ وُّضِعَ لِلنَّاسِ لَلَّذِيْ بِبَكَّةَ
مُبٰرَكًا وَّهُدًى لِّلْعٰلَمِيْنَ ۝ فِيْهِ اٰيٰتٌ بَيِّنٰتٌ
مَّقَامُ اِبْرٰهِيْمَ ۝ وَمَنْ دَخَلَهٗ كَانَ اٰمِنًا ؕ وَ
لِلّٰهِ عَلَى النَّاسِ حِجُّ الْبَيْتِ مَنِ اسْتَطَاعَ
اِلَيْهِ سَبِيْلًا ؕ وَمَنْ كَفَرَ فَاِنَّ اللّٰهَ غَنِيٌّ
عَنِ الْعٰلَمِيْنَ ۝ ـــــ سورۂ آل عمران

ترجمہ: بیشک سب سے پہلا گھر جو لوگوں کے لئے مقرر ہوا،
یہی ہے جو مکہ میں ہے، برکت والا اور دنیا والوں کے
لئے ہدایت ہے۔ اس میں ظاہر نشانیاں ہیں جیسے
مقام ابراہیم۔ اور جو اس کے اندر آیا اس کو امن
ملا اور لوگوں پر اللہ کا حق ہے اس گھر کا حج کرنا
جو اس کی طرف راہ چلنے کی قدرت رکھتا ہو اور جو نہ
مانے تو اللہ جہان کے لوگوں کی پرواہ نہیں رکھتا۔

۱۱

بسم اللہ الرحمٰن الرحیم ۝

پھول کھلنے لگے

میں کوئی مذہبی آدمی نہیں لیکن مذہب سے بے گانہ کبھی نہیں۔ میرے والد ماجد مولانا عبدالجبار صاحب اور بڑے چچا مولانا محمد یوسف صاحب اور حکیم مولوی عبدالعزیز صاحب اور خالو مولانا محمد نعیم الدین صاحب نہ صرف عالمِ باعمل تھے بلکہ دین کا وہ تصور رکھتے تھے جس سے روح میں لطافت، دل میں طہارت اور نظر میں وسعت پیدا ہوتی ہے۔ میرے ماموں الحاج فرزند احمد صاحب مغربی تعلیم سے آراستہ ہونے کے باوجود فرائض و احکام خداوندی کے سخت پابند تھے۔ میری والدہ ایک نیک خو، پاک باز اور سیدھی سادی گھریلو خاتون تھیں۔ اُن کے اور دوسرے بزرگوں کے فیضِ تربیت نے دل میں مذہب کا وہ شعور پیدا کر دیا تھا جس نے بے راہ روی سے بچائے رکھا۔ روح کی پاکیزگی، نفس کی طہارت اور کردار کی بلندی ہمیشہ نگاہ میں رہی۔ خدائے برتر کی وحدانیت و ربّانیت کا یوں قائل رہا کہ سارے مصنوعی جھوٹے خداؤں کا ڈر دل سے جاتا رہا اور خدائے واحد کے احکام کی بجا آوری کو زندگی کا مقصد سمجھا۔ رسولِ اکرم حضرت محمد مصطفیٰ صلی اللہ علیہ وسلم کی محبت ہمیشہ دل کی دھڑکن بنی رہی۔ اور اُن کے

نقوشِ قدم کو شمع رہ گزر اور گرد پا کو آنکھوں کا سُرمہ تصور کرتا رہا۔ غالباً اُسی کا اثر تھا کہ خاندان یا گرد و پیش سے جب کوئی مرد با خدا دیارِ حرم کا رخت سفر باندھتا تو دل مچل اُٹھتا اور شوقِ زیارت اشکوں میں ڈھل کر سکون کی صُورت نکال لیتا۔

اس طرح وقت گزرتا رہا اور حالات کی ناسازگاری زنجیرِ پا بنی رہی جب ملازمت سے سُبک دوشی ہوئی اور بچوں کی طرف سے یک گونہ اطمینان ہوا تو آتشِ شوق ایک بار پھر بھڑک اٹھی۔ شمس النساء باجی کی ترغیب نے اُسے اور بھی تیز تر کر دیا۔ وہ ۱۹۹۵ء میں حج کر کے لوٹی ہیں اور وہاں کے آنکھوں دیکھے مناظر اس طرح تفصیل سے بیان کرتی ہیں کہ پتھر دل بھی موم ہو جائے اور ارضِ پاک کی زیارت کے لئے تڑپ اٹھے۔ ۱۹۹۵ء ہی میں میرے ایک عزیز مکرم زاہد حسین خاں بمبئی سے حج کو گئے۔ واپسی پر انہوں نے وہاں کے تبرکات ہی نہیں بھیجے بلکہ وہاں کی تفصیلات بھی لکھیں۔ اس نے بھی سمندِ شوق کے لئے مہمیز کا کام کیا اور میری تمام تر توجہ حج پر مرکوز ہوگئی۔ میری بیوی صبیحہ کی ہم رکابی اور باعثِ تقویت ہوئی۔ بچوں کا اصرار بھی بڑھنے لگا مگر ابھی خدا کا حکم نہیں ہوا تھا اور بلاہٹ نہیں آئی تھی حقیقت یہ ہے کہ آدمی مجبور محض ہے وہ ارادہ تو کر سکتا ہے لیکن اس کی تکمیل اس کے بس میں نہیں۔ خدا کی مرضی کے بغیر ارادہ عمل کی صورت اختیار نہیں کر سکتا۔ ایک سال اور بیت گیا۔

ایک دن میں رپن اسٹریٹ سے گزر رہا تھا کہ ایک صاحب سرِ راہ پوچھ بیٹھے۔ "آپ حج میں جا رہے ہیں نا؟" میں ہکا بکا رہ گیا۔ اُن سے میری شناسائی علیک سلیک سے آگے نہیں تھی پھر میرے حج میں جانے کی بھنک اُن کو کس طرح ملی جب کہ ابھی کوئی قطعی فیصلہ بھی نہیں ہوا تھا۔ میں نے بات ٹالنے کے لئے کہا۔ "دعا کیجیے" انہوں نے جھٹ کہا۔ "آپ ضرور حج میں جائیں گے، میرا دل کہتا ہے۔" میں خاموش ہو گیا اور بات آئی گئی ہو گئی۔ لیکن آج تک یہ معمہ حل نہیں ہو سکا کہ ایک غیر متعلق شخص کو اس طرح سوال و جواب کی ضرورت کیوں محسوس ہوئی۔

حج کا ارادہ:

اگست ۱۹۹۶ء میں حج کے فارم کے لئے ریاستی حج کمیٹی کا اعلان

اخباروں میں نظر سے گزرا میں تو چپ رہا صبیحہ جیسے تیار بیٹھی تھیں۔ اُنہوں نے منجھلے بیٹے شہواز کو بھیج کر درخواست کے فارم منگوالئے۔ ابھی تک دوستوں اور رشتہ داروں میں سے کسی کو اس کی اطلاع نہیں تھی۔ دل کو بھی گوارا نہیں تھا کہ اس کا "اشتہار" دیا جائے کہ اس سے خود نمائی کا بھی ایک پہلو نکلتا ہے۔ بعد میں کچھ لوگوں کو شکایت بھی ہوئی کہ خبر نہیں کی۔ میرا خیال ہے کہ دوسرے فرائض کی طرح حج بھی ایک فریضہ ہے جس کا براہ راست تعلق عبد و معبُود سے ہے اس لئے اس میں نمود و نمائش اور بے جا "اعلان و اشتہار" سے احتراز کیا جائے تو غیر مناسب نہیں ہے تاکہ فریضے کا تقدس مجروح نہ ہو اور دربار خداوندی میں یہ قبولیت کے درجہ پر فائز ہو۔

محبی حکیم سید فیضان احمد صاحب بھی کئی سال سے حج میں جانے کا ارادہ کر رہے تھے مگر کچھ رکاوٹیں ایسی پیش آجاتی تھیں کہ موقع نہیں ہو رہا تھا کچھ دنوں سے وہ علیل بھی تھے۔ طبیعت ذرا سنبھلی تو گھر ہی میں گر پڑے اور پلاسٹر لگوانا پڑا۔ اس لئے ہمت نہیں ہو رہی تھی کہ اُن سے حج کا ذکر کیا جائے مگر جب میں اُن سے ملنے پہنچا تو باتوں باتوں میں انہوں نے خود ہی کہا کہ حج کی درخواست کا فارم منگوا لیا ہے۔ اب اُسے بھر کر جمع کر دینا ہے مجھے تو خوشی بہت ہوئی کہ اُن کا ساتھ بھی رہے گا لیکن اُن کی علالت سے تشویش بھی تھی اس لئے میں نے کہا: "کیا اس علالت کی حالت میں جانا مناسب رہے گا؟" "اب تو ارادہ کر لیا ہے۔ حج میں جانے سے پہلے پلاسٹر کٹ جائے گا۔ اب طبیعت بھی قدرے بحال ہے اس لئے چلا جانا ہی مناسب ہے۔ زندگی کا کیا بھروسہ؟" اُن کا جواب تھا۔ یہ سُن کر کچھ اور کہنے کا موقع ہی نہیں تھا۔

فارم بھر کر درخواستیں حج کمیٹی کے دفتر میں جمع کر دی گئیں۔ میرے ساتھ میری بیوی صبیحہ، فیضان صاحب کے ساتھ اُن کی بیٹی نزہت اور نظام الدین صاحب (نیشنل دواخانہ والے انصار الحق صاحب کے چھوٹے بھائی) کے ساتھ اُن کی بیگم روشن یہ چھ درخواستیں ایک ساتھ جمع ہوئیں۔ درخواستوں کو بھرنے اور جمع کرنے میں نیّر اقبال صاحب کا بڑا تعاون رہا۔ یہ ایک صالح نوجوان ہیں اور درد مند دل رکھتے ہیں ریاستی حج کمیٹی کے دفتر میں اپنے فرائض

انجام دیتے ہیں اور جہاں تک ممکن ہوتا ہے حج میں جانے والوں کی مدد کرتے ہیں۔

درخواستیں تو جمع ہو گئی تھیں لیکن ڈر بھی لگا ہوا تھا کہ اگر مقررہ کوٹا سے زیادہ درخواستیں جمع ہوئیں تو پھر قرعہ اندازی کی نوبت بھی آسکتی ہے اور ایسی صورت میں کس خوش نصیب کی منظوری آئے گی کہا نہیں جا سکتا۔ جو لوگ محروم رہ جاتے ہیں اُنہیں کو آئندہ سال کا انتظار کرنا پڑتا ہے۔ کچھ دنوں کے بعد خوش خبری مل گئی کہ درخواستیں مقررہ کوٹا سے کم ہی آئی ہیں اس لیے سارے درخواست دینے والوں کو حج میں جانے کی اجازت مل جائے گی۔

حج کی تیاری :

حج کمیٹی سے درخواست منظور ہونے کی اطلاع آجانے پر اُس ربِّ کریم کا شکریہ ادا کیا جس نے مجھ جیسے خطاکار بندے کو اپنے دربار میں حاضر ہونے کا شرف عطا کیا اور اُن خوش نصیب لوگوں میں شامل کیا جنہیں وہ اپنا مہمان بناتا ہے اور اپنے محبوب کے روضہ مبارک گنبدِ خضریٰ کے دیدار کی سعادت سے سرفراز فرماتا ہے۔ اس کے بعد ہی حج کے انتظامات میں لگ گیا۔ سامانوں کے سلسلے میں متعدد حاجی صاحبان سے مشورے کیے۔ کچھ لوگوں کا خیال تھا کہ ضرورت کا ہر سامان ساتھ رہنا چاہیے اور بعض لوگوں کی رائے تھی کہ ان دنوں ضرورت کی ساری چیزیں مکہ معظمہ اور مدینہ منورہ میں مل جاتی ہیں اس لیے زیادہ بھاری سامان ساتھ لے جانا عقل مندی نہیں ہے۔ میں نے طے کیا کہ صرف وہی چیزیں ساتھ رکھ لی جائیں جو بہت ضروری ہیں تاکہ سامان زیادہ بھاری نہ ہو اور سفر آرام دہ رہے۔

ہم نے پہننے کے چند جوڑے کپڑے، دو لنگیاں اور دو تولیے ساتھ رکھ لیے احرام کے لیے ڈھائی ڈھائی میٹر کی چار سفید چادریں بھی لے لیں۔ احرام کے لیے ضرورت تو دو ہی چادروں کی ہوتی ہے، ایک تہبند کے طور پر باندھنے کے لیے اور دوسری اوڑھنے کے لیے۔ دو مزید چادریں اس لیے رکھ لیں کہ میلی ہونے کی صورت میں زحمت نہ ہو۔ خورد و نوش کے چند برتن بھی لے لیے۔ لوگوں نے اصرار کیا کہ ایک بالٹی بھی رکھ لو، نہانے دھونے میں کام آئے گی

اس لئے ایک بالٹی بھی باندھ لی لیکن اسے کھولنے کی نوبت کہیں نہیں آئی۔ کیوں کہ مکہ اور مدینہ دونوں جگہ قیام گاہ میں غسل خانے میں بالٹی کی سہولت بھی تھی۔ دو چادریں اور ایک تکیہ بھی ساتھ رکھا تھا کہ منیٰ، عرفات۔ اور مزدلفہ میں سہولت ہو۔ چند میٹر پلاسٹک کی کی ڈوری بھی رکھ لی تھی یہ بڑے کام کی چیز ہے۔ سامان باندھنے کے علاوہ الگنی کے طور پر بھی استعمال ہو سکتی ہے۔ اسٹیل کی دو چار کانٹیاں بھی ساتھ رہیں تو اچھا ہے۔ ہم نے نہیں لی تھیں تو ضرورت محسوس ہوئی۔ ہمارے کرم فرما مشتاق احمد صدیقی صاحب نے ہوائی چپلوں کے کئی جوڑے ساتھ کر دیئے تھے جو حج میں بہت کام آئے۔ ہم نے چمڑے کے جوتے یا چپلیں ساتھ نہیں لی تھیں دیارِ حرم میں احساس ہوا کہ ایک جوڑا یہ بھی ہونا چاہئے تاکہ اُس وقت استعمال میں سہولت ہو جب حاجی حالتِ احرام میں نہیں رہتے ہیں۔ گرم کپڑے بھی ساتھ نہیں لے گئے تھے کیوں کہ ہر حج کرنے والے سے گرمی ہی کا ذکر سنا تھا مگر مدینہ منورہ میں گرم کپڑوں کی ضرورت محسوس ہوئی۔ صبح کے وقت خاصی خنکی رہتی تھی۔ ایک روز تو بارش بھی ہوئی۔ مسجد نبوی کے راستے میں شارع ابی ذر غفاری پر صبح کے وقت کئی دن کوٹ اور گرم کپڑے بکتے دیکھے جو دھڑا دھڑ فروخت ہو رہے تھے شاید میری طرح اور لوگ بھی گرم کپڑے ساتھ نہیں لے گئے تھے۔

ٹیکہ:

ایک اور مرحلہ ٹیکہ کا رہ گیا تھا۔ دماغی بخار کے ٹیکوں کی سرٹیفکیٹ کے بغیر سعودی عرب میں داخلے کی اجازت نہیں۔ ریاستی حج کمیٹی نے اس سال ٹیکوں کا انتظام اسلامیہ ہسپتال کلکتہ میں کیا تھا۔ ہم لوگوں کو ۴ مارچ ۹۷ء کو بلایا گیا تھا۔ تاریخ مقررہ پر فیضان صاحب کے ساتھ اسلامیہ ہسپتال پہنچا۔ وہاں زیادہ تر لوگ ملنے جلنے تھے۔ ہسپتال کے دروازے ہی پر انجمن خادم الحجاج کے اراکین موجود تھے۔ عطاء الرحمٰن صاحب، عبدالحق صاحب اور عبدالباطن سلمہٗ نے بڑھ کر استقبال کیا اور ضروری اندراجات میں بھی مدد کی۔ اسلامیہ ہسپتال کے سکریٹری سلطان احمد صاحب (ایم ایل اے) کی نظر ہم لوگوں پر پڑی تو آفس میں لے جا کر بٹھایا! اس طرح کسی خاص پریشانی کے بغیر

ٹیکے لگ گئے اور سرٹیفکیٹس بھی مل گئیں ٹیکہ لینے والوں کو چائے بھی پیش کی جا رہی تھی۔ حج میں جانے والے بہت سے لوگوں سے وہاں ملاقات ہوئی جو ٹیکہ لگوانے کے لئے وہاں پہنچے تھے۔ مدرسہ عالیہ کلکتہ کے پرانے رفیق کار اکبر علی لائق صاحب بھی ملے جو برسوں پہلے ملازمت سے ریٹائر ہو چکے تھے۔ بڑے تپاک سے ملے کافی ضعیف ہو گئے ہیں۔ اپنے چھوٹے بھائی ڈاکٹر شفیع لائق کے ساتھ حج کا ارادہ رکھتے ہیں۔

بیت الحجاج میں۔

تین قسطوں میں فی کس چوّن ہزار چھ سو پچھتر (۵۴،۶۷۵/-) روپے کا ڈرافٹ، سعودی عرب میں قیام، ٹرانسپورٹ اور خورد و نوش کے اخراجات کے لئے اور بارہ ہزار (۱۲۰۰۰/-) روپے کا ڈرافٹ ہوائی جہاز سے آمد و رفت کے کرایے کے لئے ریاستی حج کمیٹی میں جمع کر دیئے گئے تھے۔ اس کے علاوہ تین سو (۳۰۰/-) روپے کا ڈرافٹ بیت الحجاج کلکتہ کی تعمیر کے سلسلے میں بھی جمع کرنا پڑا جو ہر عازم حج سے وصول کیا جاتا ہے۔

۱۸ مارچ ۹۷ء کو عازمین حج کو بیت الحجاج بلایا گیا تھا تاکہ ضروری کاغذات ان کے حوالے کر دیئے جائیں میں فیضان صاحب کے ساتھ ½۹ بجے صبح کو جب وہاں پہنچا تو کافی لوگ جمع ہو چکے تھے اور قطار میں کھڑے اپنے کاغذات دکھا کر نمبر شمار (SEREIAL NO.) لے رہے تھے۔ پاسپورٹ، ٹکٹ اور ڈرافٹ وغیرہ لینے کے لئے اسی نمبر سے حجاج کو بلایا جاتا ہے میں بھی ایک قطار میں کھڑا ہو گیا وہاں بھی کئی شناسا مل گئے اور کام جھٹ پٹ ہو گیا۔ ½۱۰ بجے سے کاغذات ملنے کی اطلاع تھی۔ کچھ واقف کار لوگوں نے نمبر شمار دیکھ کر بتایا کہ آپ لوگوں کی باری کافی دیر سے آئے گی اس لئے واپس چلے جائیں اور ۱۲ بجے کے بعد آکر کاغذات لے لیں۔ ہم لوگ واپسی کا ارادہ ہی کر رہے تھے کہ وزیر محکمہ ترقیات و فلاح اقلیات حکومت مغربی بنگال محمد امین صاحب تشریف لے آئے اور ہم لوگوں کو وہیں بلا بھیجا جہاں کاغذات تقسیم ہو رہے تھے۔ وہیں سے حج کا پاسپورٹ، ایر انڈیا کا ٹکٹ اور جمع کردہ رقم میں سے مکہ اور مدینہ میں قیام اور

ٹرانسپورٹ کے اخراجات کاٹ کر دو ہزار چھ سو اکیاون (-/۲۶۵۱) سعودی ریال کا ڈرافٹ مل گئے۔ اُن دنوں شرح مبادلہ دس ہندوستانی روپے کا ایک سعودی ریال تھا۔ ایر انڈیا نے بیگ اور دھوپ سے بچنے کے لئے سفید چھتری بھی دی۔

بیتُ الحجاج کے صحن میں گیٹ کے پاس ہی انجمن خادمُ الحجاج کا کیمپ لگا تھا جہاں اس کے اراکین حاجیوں کی خدمت کے لئے موجود تھے۔ ٹکٹ وغیرہ لے کر نکلے تو عطاءُ الرحمٰن صاحب اور عبدُ الباطن سلمہٗ نے کیمپ میں بلا لیا اور ایک فارم پُر کرنے کو دیا اس کے بعد ایک تھیلے میں آبِ زم زم کے لئے پلاسٹک کا ڈبہ، جائے نماز، تسبیح، بیگ، بیلٹ، چپل اور کتابیں اصرار کر کے تحفے کے طور پر دیں۔ یہ تمام چیزیں حج کے موقع پر بہت کام کی ہیں۔ ان چیزوں کو قبول کرتے ہوئے کچھ تکلف تو ضرور ہوا لیکن ان کی بے غرضی اور خلوص کو دیکھتے ہوئے انکار کی ہمت نہیں ہوئی۔ یہ لوگ نہایت تن دہی اور اخلاص سے ہر موقع پر حاجیوں کی خدمت کرتے ہیں جس سے ہر شخص متاثر ہوتا ہے۔

ریزرو بینک آف انڈیا نے بھی بیت الحجاج میں اپنا کاؤنٹر لگایا تھا جہاں روپے سے ڈالر کا تبادلہ ہو رہا تھا۔ ہر حاجی کو اپنے ساتھ پچاس ڈالر لے جانے کی اجازت ہے میں نے بھی ایک ہزار آٹھ سو تیئیس (-/۱،۸۲۳) روپے جمع کر کے پچاس ڈالر لیے تاکہ سعودی عرب میں پیسوں کی کمی کی وجہ سے پریشانی نہ ہو۔ پاسپورٹ پر اس کا اندراج بھی ہوا۔ فیضان صاحب کو چلنے میں تکلیف تھی اس کے باوجود یہ ہر جگہ ساتھ ساتھ رہے۔ نظام الدین صاحب بھی پہنچ گئے تھے۔ انہوں نے بھی سفری کاغذات وصول کر لئے۔

بیتُ الحجاج کی تعمیر سے حاجیوں کو کافی سہولت ہو گئی ہے۔ ایک تو یہی کہ سفری کاغذات اور ضروری سامان آسانی سے ایک ہی جگہ مل جاتے ہیں۔ دوسرے باہر سے آنے والے حاجیوں کے قیام کا انتظام بھی یہاں ہے۔ صرف مغربی بنگال کے ہی نہیں بلکہ دوسری ریاستوں کے حجاج کرام بھی یہاں قیام کرتے ہیں۔ اس عمارت کو اور

وسیع کرنے اور زیادہ آرام دہ بنانے کی ضرورت ہے تاکہ اللہ کے مہمانوں کو کسی طرح کی تکلیف کا سامنا نہ کرنا پڑے۔

روانگی :

کلکتہ سے حاجیوں کے جانے کا پروگرام یہ تھا کہ ۲۰ مارچ سے ۲۷ مارچ ۱۹۹۶ء تک روزانہ ایرانڈیا کی ایک پرواز جدّہ کے لیے ہوگی جس سے حجاج کرام براہِ راست جدّہ جائیں گے۔ ہم لوگوں کو پہلی پرواز سے ۲۰ مارچ کو روانہ ہونا تھا۔ پروگرام بہت پہلے سے معلوم تھا مگر جیسے جیسے وقت قریب آرہا تھا دل ناقابلِ اظہار احساسات کی آماجگاہ بنتا جا رہا تھا۔ آخر ۲۰ مارچ بھی آگیا! عزا، اقربا اور احباب صبح ہی سے رخصت کرنے کو آنے لگے۔ صدیق محترم جسٹس خواجہ محمد یوسف صاحب کو افسوس تھا کہ رخصت کرتے وقت وہ کلکتہ میں نہیں رہیں گے! انکوائری کمیشن کے سلسلے میں وہ اگرتلہ (تری پورہ) میں تھے۔ رات فون پر اُن سے باتیں ہوئی تھیں۔ پروفیسر کلیم سہسرامی صاحب بنگلہ دیش سے تشریف لائے تھے وہ بھی رخصت کرتے وقت موجود تھے۔ اس وقت بھائی جان حافظ مطلوب حسن صاحب کی یاد بہت آرہی تھی جن کا سایۂ شفقت چند ماہ قبل ہمارے سروں سے اٹھا تھا۔

دوستوں اور رشتہ داروں کی نیک خواہشات کے ساتھ ۱۱ بجے صبح گھر سے روانہ ہوئے۔ فیضان صاحب بھی ساتھ ہی نکلے۔ راستے میں ہوائی اڈے تک حاجی صاحبان کی گاڑیاں ملتی رہیں جو سب طیارہ گاہ کی طرف رواں دواں تھیں۔ جب ہم لوگوں کی گاڑی ہوائی اڈے کے قریب پہنچی تو وہاں گاڑیوں اور لوگوں کا ہجوم نظر آیا۔ گاڑی کا آگے بڑھنا ممکن نہیں تھا اس لیے گاڑی وہیں روک دینی پڑی اور ہم لوگ گاڑی سے اُتر کر آگے بڑھے۔ پیدل چلنا بھی دشوار ہو رہا تھا کسی طرح راستہ بنانا پڑا۔ زیادہ دشواری سامانوں کی تھی۔ سعد اللہ، شہزاد، شہنواز، شہریار ساتھ تھے اور اشرف الایمان بھی پہنچ گئے تھے اُن لوگوں نے سامان اٹھالیا۔ معلوم ہوا کہ صبح ۵ بجے ہی سے عازمینِ حج کے قافلے موٹروں، لاریوں اور پرائیوٹ ٹیکسیوں سے پہنچنا شروع ہو گئے تھے۔ پارکنگ

کا انتظام مناسب نہ ہونے کی وجہ سے آمد و رفت میں دشواری ہوئی۔ ہوائی اڈے کے شامیانے تک راستہ جام ہو گیا تھا۔ عازمین حج کو الوداع کہنے کے لئے تقریباً دس ہزار کا مجمع جمع تھا اس کی وجہ سے بھی آمد و رفت میں دشواری ہوئی۔ ہوائی اڈے کے باہر ریاستی حج کمیٹی نے عمدہ شامیانے لگائے تھے جہاں مردوں اور عورتوں کے وضو کرنے، احرام باندھنے اور نماز پڑھنے کے لئے الگ الگ کیمپ تھے۔ صبیحہ تو شمس النساء باجی کی رہ نمائی میں عورتوں کے شامیانے کی طرف بڑھیں اور میں مردوں کے شامیانے میں پہنچا اور احرام باندھا۔ یہاں احرام باندھنے کا طریقہ بتایا جا رہا تھا۔ احرام کے لئے دو بغیر سلی ہوئی سفید چادروں کی ضرورت ہوتی ہے۔ چادروں کی جگہ پر بڑے تولئے بھی استعمال کئے جا سکتے ہیں۔ چادریں نئی ہوں تو زیادہ اچھا ہے ورنہ صاف دھلی ہوئی بھی کام میں لائی جا سکتی ہیں۔ اس کے پہننے کا طریقہ یہ ہے کہ ایک تہہ بند کے طور پر باندھ لی جائے اور دوسری شانوں کے اوپر سے اوڑھ لی جائے اور سر کھلا رہے۔ احرام کی دو رکعت نماز نفل پڑھتے وقت سر کو چادر سے ڈھک لیں اور نماز کے بعد سر کھول دیں۔ اب جب تک حالت احرام میں رہیں سر کھلا رکھیں۔ نماز بھی ننگے سر پڑھیں۔ تہہ بند کو اگر بیلٹ سے کس لیا جائے تو اس سے تہہ بند مضبوطی سے بندھی بھی رہے گی اور روپے پیسے رکھنے میں بھی آسانی ہوگی کیوں کہ حالت احرام میں سلا ہوا کپڑا نہیں پہن سکتے۔ ایسی چپلیں اور جوتے بھی نہیں پہن سکتے جن سے قدموں کے اوپر کی ابھری ہوئی ہڈی چھپ جائے ہوائی چپلیں زیادہ مناسب رہتی ہیں۔ عورتوں کے لئے الگ سے احرام کے کپڑوں کی ضرورت نہیں وہ صرف سر کو سفید کپڑے سے ڈھانک لیتی ہیں۔ چہرہ کھلا رکھنا پڑتا ہے لیکن احرام صرف ان چادروں کو پہن لینے کا نام نہیں۔ احرام پہننے کے بعد احرام کی نیت سے دوگانہ نفل نماز ادا کریں پھر عمرہ کی نیت کریں اور ساتھ ہی ساتھ تلبیہ پڑھیں۔

لَبَّیْکَ اَللّٰھُمَّ لَبَّیْکَ ۔ لَبَّیْکَ لَا شَرِیْکَ لَکَ لَبَّیْکَ ۔ اِنَّ الْحَمْدَ وَالنِّعْمَۃَ لَکَ وَ الْمُلْکَ لَا شَرِیْکَ لَکَ ۔

ترجمہ: میں حاضر ہوں اے اللہ! میں تیرے حضور حاضر ہوں، حاضر ہوں، بے شک ساری تعریفیں اور نعمتیں اور بادشاہت و حکومت تیرے لئے ہیں۔ تیرا کوئی شریک نہیں۔

اس کے بعد جہاں تک ممکن ہو کثرت سے تلبیہ کا ورد کرتے رہنا چاہیے۔ مرد بلند آواز سے اور عورتیں آہستہ تلبیہ پڑھیں اور یہ سلسلہ اس وقت تک جاری رہے جب تک خانہ کعبہ نظر نہ آجائے احرام باندھتے ہی حاجی کے دل و دماغ پر ایک عجیب کیفیت طاری ہو جاتی ہے وہ ان چیزوں سے منہ موڑ لیتا ہے جو اب تک اس کے لئے جائز تھیں اور محض رضائے خداوندی کی خاطر آرام چین چھوڑ کر دیار حرم میں حاضری کے لئے خود کو تیار کرتا ہے۔

احرام باندھ کر میں نے دو رکعت نفل نماز پڑھی اور تلبیہ پڑھتا ہوا شامیانے سے نکل آیا۔ باہر برادرم نصر غزالی، برادرم محی الدین شاہین، مشرق صاحب، عزیزی منظور حسن عزیزی روح اللہ اور دوسرے عزیزان انتظار میں کھڑے تھے اتنے میں عورتوں کے شامیانے سے جھبجھ بھی شمس النساء باجی، نشاط، فرزانہ، ترنم اور تنویر وغیرہ کے ساتھ آگئیں ان لوگوں کے ساتھ ہوائی اڈہ کے گیٹ کی طرف بڑھے جہاں فیضان صاحب نزہت سلمہا کے ساتھ ہمارا انتظار کر رہے تھے۔ یہاں سب لوگوں سے مصافحہ و معانقہ کر کے گیٹ کے اندر داخل ہو گئے۔ دوسرے لوگوں کو اندر جانے کی اجازت نہیں ہے۔ سامان ٹرالی میں انجمن خادم الحجاج کے ارکان نے تھام لیا۔

ہم لوگ حج کے مبارک سفر پر روانہ ہو رہے ہیں لیکن رخصت ہوتے وقت آنکھیں پرنم ہیں، بچوں کی جدائی دل پر شاق گزر رہی ہے ماں پر زیادہ اثر ہے وہ آبدیدہ آنکھوں سے ان کی طرف دیکھ رہی ہے مگر اب تو ہم سارے علائق سے منہ موڑ کر اور سب کو کارساز عالم کے حفظ و امان میں چھوڑ کر ایک ایسے سفر پر روانہ ہو رہے ہیں جہاں بندۂ حقیر خدائے قادر کا مہمان ہوتا ہے اور جہاں قدم قدم پر رحمتِ الٰہی نیک بندوں کا خیر مقدم کرتی ہے

ہوائی اڈے کے اندر :

اب ہم نیتاجی سبھاش چندر بوس بین الاقوامی ہوائی اڈے کے اندر تھے۔ یہاں کافی عازمین حج جمع تھے اور اپنے اپنے سامان چیک کروا رہے

تھے۔ انجمن خادم الحجاج کے اراکین اور رضاکار سامانوں کی چیکنگ، کسٹم اور امیگریشن کی کارروائیوں میں حجاج کی مدد کر رہے تھے۔ ایرپورٹ کے عملے بھی تعاون کر رہے تھے اور صرف خانہ پُری کر کے چیکنگ مکمل کر رہے تھے۔ عطاءالرحمٰن صاحب نے میری بھی مدد کی چیکنگ کے بعد سامان جہاز میں بھجوانے کے لئے رکھ کر کوپن ہمارے حوالے کیا گیا۔ سامانوں سے نپٹ کر فیضان صاحب کے ساتھ ہوائی اڈے کے لاؤنج کی طرف بڑھے راستے میں Metal Detective Machine (دھات کی ڈیٹکٹیو مشین) سے گزرنا پڑا۔ اور پھر لاؤنج میں پہنچے۔ یہاں پہنچتے ہی ایرانڈیا کے عملے نے کھانے کے پیکٹ اور پانی کی بوتل تھما دی اور یہ بھی کہا کہ اسے یہیں کھالیں، ہوائی جہاز پر بھی کھانا ملے گا۔ یہاں بھی کافی حاجی صاحبان جمع تھے کچھ کرسیوں پر بیٹھے تھے اور کچھ ادھر ادھر گھوم کر لوگوں سے مل رہے تھے۔ یہاں بہت سے شناسا چہرے نظر آئے۔ خورشید انور صاحب (چارٹرڈ اکاؤنٹنٹ) انور محمود صاحب (ایڈووکیٹ) ڈاکٹر عبدالسبحان، قاری محمد اسمٰعیل ظفر، ڈاکٹر عبدالمنّان (تمالسلہ) عزیزی وسیم احمد اور دوسرے بہت سے لوگوں سے یہاں ملاقات ہوئی۔ یہ سب عازمِ حج تھے۔ ریاستی حج کمیٹی کے کچھ لوگ بھی نظر آئے ان میں نیّر اقبال صاحب بھی تھے انہوں نے آکر ہم لوگوں سے بھی خیریت پوچھی۔ حاجیوں کو رخصت کرنے والوں میں الحاج منظور علی صاحب مالک رائل انڈین ہوٹل بھی تھے۔ نسیم عزیزی سلمہٗ تاخیر سے ہوائی اڈے پہنچے۔

ہوائی جہاز میں :

بارہ بجے کے قریب ہوائی جہاز کی طرف جانے کا اشارہ ملا اور سب لوگ اس طرف بڑھے۔ یہ ایرانڈیا کا ۷۴۷، جیٹ طیارہ "ہرش وردھن" ہے۔ یہ چارٹرڈ ہوائی جہاز حاجیوں کے لئے مخصوص ہے۔ ٹکٹ پر سیٹ نمبر درج نہیں ہے اس لئے جسے جہاں جگہ ملی بیٹھ گئے۔ ہم چھ آدمی ایک ہی جگہ بیٹھے۔ اس جہاز سے چلنے والے عازمین حج کی تعداد تین سو بانوے (۳۹۲) ہے۔ جب سب حاجی اپنی اپنی جگہوں پر بیٹھ گئے تو مرکزی حج کمیٹی کے چیرمین سلامت اللہ صاحب، ریاستی حج کمیٹی کے چیرمین اور وزیر ترقیات و فلاح اقلیت محمد امین صاحب اور سلطان احمد صاحب ایم ایل اے اس افتتاحی پرواز کے حاجیوں کو الوداع

دیارِ حرم میں (حج سفر نامہ) علقمہ شبلی

۲۲

کھنے جہاز پر آئے۔ جہاز پر تلبیہ کی آواز گونج رہی تھی کہ ان معززین کی آمد کا اعلان مائک سے ہوا۔ ان حضرات نے عازمین حج کو اس سفر کے لئے مبارک باد دی اور حج کمیٹی کی کارگزاریوں کو بھی مختصراً بیان کیا۔ حج بخیر وخوبی ادا کرنے کے بعد واپسی کے لئے نیک خواہشات کا اظہار کیا۔ انہوں نے سفرِ حج سے متعلق ضروری ہدایتیں بھی دیں اور یہ بھی خبر دی کہ ہندوستانی حاجیوں کی صحت کی دیکھ بھال کے لئے اس سال دو سو ڈاکٹروں کی ایک خصوصی ٹیم سعودی عرب روانہ ہو چکی ہے۔ پینتیس لاکھ روپے کی دوائیں بھی جارہی ہیں۔ اس کے بعد سبھوں سے مصافحہ کرکے جہاز سے رخصت ہوئے۔ جہاز نے ٹھیک ساڑھے بارہ بجے پرواز کی۔ شروع میں تو جہاز ہچکولے کھاتا رہا لیکن تھوڑی دیر کے بعد رفتار میں ہمواری آگئی۔ ہم لوگ کھڑکی کے پاس تھے اس لئے باہر کے مناظر صاف نظر آرہے تھے۔ خشکی اور ریت سے گزرتے ہوئے ہوائی جہاز بحرِ ہند کے اوپر سے گزرنے لگا۔ کافی دیر تک نیچے پانی ہی پانی نظر آتا رہا۔ جہاز میں سامنے ہی اسکرین تھا جس سے مسافروں کو ضروری ہدایتیں دی جارہی تھیں ساتھ ہی ساتھ اس کی نشاندہی بھی کی جارہی تھی کہ جہاز کتنی بلندی پر پرواز کر رہا ہے، کن ممالک سے گزر رہا ہے اور اس کی رفتار کیا ہے۔ فیضان صاحب ہمارے بغل میں بیٹھے تھے اس لئے ان کے تجربوں سے مستفید ہونے کا موقع ملتا رہا۔ ہوائی اڈے سے وضو کرکے چلے تھے۔ ظہر کی نماز جہاز ہی پر اشاروں سے پڑھی۔ جہاز پر وضو تو کر سکتے ہیں لیکن اتنے حجاج کرام کا بیک وقت وضو کرنا دقّت طلب ہے اس لئے ہوائی اڈے ہی میں وضو کر لینا مناسب ہے۔ اسی دوران کھانا پیش کیا گیا۔ کھانے کے بعد جہاز پر ادھر اُدھر گھوم کر لوگوں سے ملاقاتیں کیں۔ جہاز ساڑھے سات بجے رات کو جدّہ ہوائی اڈے پر اُترا۔ اس وقت وہاں گھڑیوں میں پانچ بج رہے تھے۔

۲۱ مارچ ۱۹۹۷ء کے "آزاد ہند" میں حج کی پہلی پرواز کی مفصّل رپورٹ شائع ہوئی عازمین حج کی فہرست میں ہم لوگوں کا بھی ذکر تھا۔

جدّہ ہوائی اڈہ

جدّہ ایک بین الاقوامی ہوائی اڈہ ہے اور کنگ عبدالعزیز انٹرنیشنل ایرپورٹ کے نام سے جانا جاتا ہے۔ حج کے وقت یہ دنیا کا معروف ترین ہوائی اڈہ ہو جاتا ہے۔ اس ہوائی اڈے میں کئی ٹرمینل ہیں۔ ایک خصوصی ٹرمینل صرف حجاج کرام کی آمد و رفت کے لئے تعمیر ہوا ہے جسے حج ٹرمینل (مدینۃ الحجاج) کہا جاتا ہے۔ یہ خیمہ نما چھتوں والی ایک خوبصورت وسیع عمارت ہے جس میں بڑے بڑے ہالوں کا سلسلہ دُور تک پھیلا ہوا ہے۔ حاجیوں کو لانے اور لے جانے والے سارے جہاز اسی ٹرمینل سے آتے جاتے ہیں۔ حج کے زمانے میں دنیا کے مختلف ممالک سے ہر وقت جہاز آتے جاتے رہتے ہیں۔ اس ٹرمینل میں کافی ہجوم رہتا ہے۔

ہم لوگ ہوائی جہاز سے باہر آئے اور تھوڑی دیر دور چل کر ایک ہال میں پہنچے عصر کی نماز کا وقت ہو گیا تھا! اس لئے پہلے نماز کی فکر ہوئی۔ ایک طرف وضو خانہ نظر آیا اسی میں اندر پاخانے اور پیشاب خانے بھی تھے لیکن ان کی تعداد کافی نہ تھی کچھ دیر قطار میں کھڑے رہ کر جب باری آئی تو وضو کیا اور باہر ہال میں آکر نماز ادا کی! اس موقع پر انجمن خادم الحجاج کا عنایت کردہ مصلّیٰ خُوب کام آیا۔ تقریبًا سارے حجاج کرام اسی مصلّے پر نماز پڑھتے نظر آئے۔

کسٹم شیڈ میں :

نماز کے بعد یہ سمجھ میں نہیں آرہا تھا کہ اب کیا کرنا ہے۔ یہاں ہندوستانی سفارت خانے کے کسی عملے کو رہنا چاہیئے جو حاجیوں کی رہنمائی کرے۔ سعودی حکومت کے عملے تو نظر آئے لیکن ایک تو زبان کی ناواقفیت کی وجہ سے افہام و تفہیم میں دشواری تھی۔ دوسرے اُن کا رویہ بھی کچھ ہمدردانہ نہیں تھا۔ تھوڑی دیر کے بعد قطار لگنی شروع ہوئی، ایک مردوں کی، اور دوسری عورتوں کی اور لوگ یکے بعد دیگرے احاطے کے اندر جانا شروع ہوئے۔ ہم لوگ بھی قطار کے آخری سرے پر کھڑے ہو گئے۔ باری آنے پر اندر گئے۔ پاسپورٹ (پلگرام پاس) امیگریشن افسر کو پیش کیا جس نے کچھ اندراج کر کے مہر لگا کر پاسپورٹ واپس کر دیا اسے لے کر کسٹم شیڈ کی طرف بڑھے جہاں حاجیوں کے سامان ہوائی جہاز سے آکر جمع تھے۔ جیسے ہی اپنا پاسپورٹ چیک کروا کے پہنچ چکی تھیں ہم نے اپنا سامان شناخت کر کے الگ کیا اور اسے لے کر کسٹم کاؤنٹر پر پہنچ گئے۔ یہاں سعودی حکومت کے کسٹم افسر سامانوں کی جانچ کر رہے تھے۔ کلکتہ ہوائی اڈہ پر سامانوں کی چیکنگ نہیں ہوئی تھی لیکن یہاں سختی سے چیکنگ ہو رہی تھی۔ ہمارے پاس تو زیادہ سامان تھا نہیں سرسری جائزہ لے کر چاک سے نشان لگا دیا گیا جس کا مطلب تھا کہ اب آپ سامان لے کر باہر جا سکتے ہیں۔ فیضان صاحب کو بھی پریشانی نہیں ہوئی لیکن نظام صاحب سے سارا سامان کھلوایا گیا اور سوال و جواب ہوتے رہے آخر مطمئن ہو کر سامان لے جانے کی اجازت مل گئی۔ دراصل نشہ آور چیزوں کی تلاشی سختی سے ہوتی ہے اور دوسرے سامانوں پر زیادہ اعتراض نہیں ہوتا۔ کسٹم کا مرحلہ طے ہونے کے بعد جب باہر نکلے تو دیکھا کہ یہاں بھی لوگ ایک جنگلے کے چاروں طرف قطاروں میں کھڑے ہیں سمجھ میں نہیں آیا کہ یہاں کیا کرنا ہے بس بغیر سمجھے بوجھے ایک طرف قطار میں کھڑے ہو گئے۔ یہاں بھی حاجیوں کی رہنمائی کے لئے ہندستانی سفارت خانے کے کسی عملے کا ہونا ضروری ہے جب ہم اپنی باری پر اندر پہنچے تو سعودی حکومت کے حکام نے پاسپورٹ دیکھ کر شناختی کارڈ اور کچھ دوسرے ضروری کاغذات حوالے کئے۔

مدینۃ الحجاج :

وہاں سے نکل کر مدینۃ الحجاج پہنچے جو بالکل متصل ہے۔

۲۵

سامان قلیوں کے ذریعہ ٹرالی میں بھیج دیا گیا تھا۔ مدینۃ الحجاج بہت وسیع رقبے میں پھیلا ہوا ہے۔ یہاں بازار، بینک، ہوٹل، سعودی حکومت کی وزارت حج و اوقاف کا دفتر اور مختلف سفارت خانوں کے ذیلی دفاتر بھی ہیں۔ ایک جگہ ہندوستان کا جھنڈا لہراتا ہوا نظر آیا وہیں ہندوستانی حجّاج جمع ہو رہے تھے ہم لوگوں نے بھی یہیں پڑاؤ ڈالا۔ بھاگ دوڑ میں کافی تھکاوٹ ہو گئی تھی۔ لیٹنے کو جی چاہ رہا تھا مگر عشاء کی نماز نہیں پڑھی تھی اس کی فکر ہوئی۔ یہاں پانی کی کمی نہیں۔ قدم قدم پر نل لگے ہوئے ہیں۔ غسل خانے، وضو خانے اور باتھ روم کا بھی معقول انتظام ہے پینے کے لئے ٹھنڈے پانی کے کولر بھی ہیں۔ نماز پڑھنے کے لئے بھی جگہیں مقرر ہیں جہاں باجماعت نمازیں ہوتی ہیں مگر اس وقت جلدی تھی اس لئے مصلّٰی بچھا کر اسی جگہ نماز پڑھ لی۔ قریب ہی بینک کا کاؤنٹر تھا جہاں جا کر ڈرافٹ بھنایا جس کے دو ہزار چھ سوا کاون (-/۲٫۶۵۱) سعودی ریال ملے۔ اب چائے کی خواہش ہو رہی تھی۔ اسٹالوں پر ایک پیالی چائے ایک ریال میں مل رہی تھی۔ ہمارے یہاں کے حساب سے اس کی قیمت دس روپے ہوئی۔ چائے پی کر ذرا طبیعت بحال ہوئی۔ فیضان صاحب اپنی چھڑی گھر ہی میں بھول آئے تھے۔ چلنے کے لئے اس کی ضرورت محسوس ہو رہی تھی۔ نظام الدین صاحب کے ساتھ چھڑی کی تلاش میں بازار کی طرف نکلا۔ یہاں حاجیوں کی ضرورت کی ساری چیزیں دستیاب تھیں۔ چھڑی ہم لوگوں نے بہت تلاش کی مگر نہیں ملی۔ ایک چھتری دس ریال (-/۱۰۰ روپے) میں خرید لی کہ اسی سے سہارے کا کام لیا جا سکے۔ اس سے نپٹ کر جب آئے تو مکہ معظمہ پہنچنے کی فکر ہوئی۔ معلّم کے آدمی وہاں موجود تھے جو حجّاج کرام کو بس کے ذریعے مکہ معظمہ بھیج رہے تھے۔ بھیجنے میں اس کا خیال رکھ رہے تھے کہ ایک مکتب کے حجاج ایک ہی بس سے روانہ ہوں۔ ہمارے معلّم کامل محمد احمد بوقری تھے اور ہمارا مکتب نمبر ۶۰ تھا۔ کچھ دیر کے بعد ہم لوگوں کو بس میں سوار ہونے کے لئے قطار میں کھڑے ہونے کو کہا گیا۔ سامان ٹرالی کے ذریعہ بھیج دیا گیا تھا۔ سامان ٹرالی میں رکھتے وقت اطمینان کر لینا چاہیے کہ چڑھا ہے یا نہیں۔ پھر بس میں رکھتے وقت بھی دیکھ لینا چاہیے بعد میں پریشانی ہو سکتی ہے۔ کافی دیر کھڑے رہنے کے بعد بس آئی اور سعودی وقت کے مطابق ساڑھے گیارہ بجے رات (۲ بجے ہندوستانی وقت) کو روانہ ہوئی۔ بس کشادہ اور ائر کنڈیشنڈ تھی۔ روانہ ہونے سے قبل ہم لوگوں

کے پاسپورٹ، ہوائی جہاز کے ٹکٹ اور ہیلتھ سرٹی فیکٹ معلّم کے آدمیوں نے لے لیے۔

مکہ معظمہ روانہ ہوئے:

جدہ سے مکہ معظّمہ کا فاصلہ تقریباً پچھتر کلومیٹر ہے جو عام طور سے ایک ڈیڑھ گھنٹے میں طے ہو جاتا ہے مگر ہم لوگوں کی بس راستے میں مختلف منزلوں پر رکتی ہوئی آگے بڑھی! ایک منزل پر حاجیوں کو آب زم زم کی بوتلیں بھی پیش کی گئیں۔ راستے میں چائے اور ٹھنڈے مشروبات بھی ملتے ہیں اگر چاہیں تو خرید سکتے ہیں۔ تلبیہ کی گونج کے ساتھ بس آگے بڑھتی رہی سڑک بہت کشادہ اور عمدہ ہے۔ گاڑیوں کے آنے جانے کے لیے الگ الگ راستے ہیں۔ جدہ سے مکہ معظّمہ تک پہاڑیوں کا سلسلہ ہے جنہیں کاٹ کر سڑکیں بنائی گئی ہیں اُن پر ہر وقت گاڑیاں آتی جاتی رہتی ہیں۔ راستے میں کہیں کہیں آبادی اور خوبصورت عمارتیں بھی نظر آئیں۔ رات کے اندھیرے میں راستے کے مناظر سے پوری طرح شناسائی کا موقع نہیں ملا۔ مکہ معظمہ سے تقریباً بیس بائیس کیلومیٹر پہلے ایک بورڈ نظر آیا جس پر واضح طور سے لکھا تھا "صرف مسلمانوں کے لیے"۔ یہیں سے حرم کے حدود شروع ہو جاتے ہیں اور یہاں سے آگے غیر مسلموں کو جانے کی اجازت نہیں۔ سعودی حکومت سختی سے اس کی نگرانی کرتی ہے اور اس کے لیے یہاں ایک پولس چوکی بھی قائم ہے۔

اب سپیدۂ سحر نمودار ہو رہا تھا اور ہماری بس مکہ معظّمہ کے قریب پہنچ رہی تھی اور وہاں کی عمارتیں نظر آرہی تھیں۔ عمارتیں پہاڑیوں کو کاٹ کر بنائی گئی تھیں۔ پہاڑوں کی بلندی پر بھی عمارتیں نظر آئیں جیسے جیسے کعبۂ شوق نزدیک آرہا تھا دل کی دھڑکنیں تیز ہو رہی تھیں اور رب کعبہ کے اس بار احسان سے سر خم ہوا جا رہا تھا کہ اُس نے مجھ جیسے خطاکار بندے کو اپنے شہر میں آنے کا حوصلہ اور موقع دیا۔ مکہ معظّمہ پر پہلی نظر پڑتے ہی دعائیں مانگی جاتی ہیں اور رحمت خداوندی کی درخواست کی جاتی ہے۔ حج کی کتابوں میں عربی دعائیں درج ہیں لیکن ضروری نہیں کہ وہی دعائیں پڑھی جائیں۔ اپنی زبان میں بھی دعائیں کی جا سکتی ہیں۔ اس میں یہ سہولت بھی ہے کہ آدمی اپنی تمنّاؤں اور آرزوؤں کا اظہار دربارِ خداوندی میں کھل کر اور آسانی سے کر سکتا ہے۔ ہماری بس پانچ بجے صبح (ہندوستانی وقت کے مطابق ۱/۲ ۷ بجے صبح) کو مکہ معظّمہ میں قیام گاہ کے قریب پہنچی۔

مکّہ معظّمہ

مکّہ حجاز کا ایک قدیم تاریخی شہر ہے۔ یہ پہاڑیوں پر آباد ہے اور راستے نشیب و فراز سے ہو کر گزرتے ہیں۔ اب پہاڑیوں کو کاٹ کر سڑکیں اور جدید طرز کی عمارتیں تعمیر کی گئی ہیں۔ پہاڑیوں کے اوپر بھی خوبصورت عمارتیں نظر آتی ہیں۔ یہ ایک مدت تک حجاز کا پایۂ تخت بھی رہا ہے۔ آج بھی ساری دنیا میں اسے مرکزی حیثیت حاصل ہے۔ یہ رسول اکرم صلی اللہ علیہ وسلم کی جائے ولادت ہے اور یہاں خدا کا پہلا گھر خانۂ کعبہ واقع ہے اسی کو "مسجدِ حرام" یا "حرم" کہا جاتا ہے کیوں کہ اس مخصوص علاقے میں لڑائی جھگڑا اور خون ریزی و فساد حرام ہے کعبہ ایک چوکور عمارت ہے جس پر سیاہ منقّش غلاف چڑھا رہتا ہے۔ اس کی تعمیر کا حکم خود اللہ تعالٰی نے حضرت ابراہیم خلیل اللہؑ کو دیا تھا۔ انہوں نے اپنے بیٹے حضرت اسمٰعیلؑ کے ساتھ مل کر اس کی تعمیر کی۔ احادیث سے پتہ چلتا ہے کہ اس تعمیر سے پہلے حضرت آدمؑ نے خدا کے حکم سے یہ گھر تعمیر کیا تھا اور پھر خدا ہی کے حکم سے اس کا طواف بھی کیا تھا۔

خانہ کعبہ کی تعمیر: حضرت ابراہیمؑ نے اللہ کے حکم سے اپنی بیوی ہاجرہؓ اور شیر خوار بچے اسمٰعیلؑ کو اس وادی بے آب و گیاہ میں اللہ کے حوالے چھوڑ دیا تھا۔

ماں کے پاس جو توشہ تھا وہ ختم ہو گیا تھا۔ پانی کا مشکیزہ خالی ہو گیا تھا۔ معصوم بچہ پیاس سے تڑپنے لگا۔ ماں دیوانہ وار پانی کی تلاش میں ادھر ادھر دوڑنے لگیں۔ صفا اور مروہ پہاڑیوں کے درمیان سات چکر لگانے کے بعد بھی پانی نظر نہ آیا۔ واپس آئیں تو دیکھا کہ بچے کے قدموں کے پاس زمین سے پانی اُبل پڑا ہے۔ ہاجرہؓ خوشی اور حیرت سے اور تو کچھ نہ کر سکیں۔ جلدی جلدی اس پانی کے ارد گرد چھوٹی سی دیوار (رکاوٹ) بنانے لگیں۔ اِس چشمے اور پانی کا نام اسی وقت سے زم زم پڑ گیا۔ یہاں سبزہ کے آثار دیکھ کر آہستہ آہستہ لوگ آباد ہونے لگے۔ کچھ عرصہ کے بعد حضرت ابراہیمؑ بھی تشریف لائے اور خدا کے حکم سے اپنے بیٹے حضرت اسمٰعیلؑ کے ساتھ مل کر حضرت آدمؑ کی بنیاد پر از سرِ نو بیت اللہ کی تعمیر کی اس کا ذکر قرآن پاک میں بھی موجود ہے۔ بعد میں کعبہ اور اس کے ارد گرد کے علاقے کو باہم ملا لیا گیا اور یہ جگہ "مسجد حرام" کے نام سے مشہور ہوئی۔ مسجد حرام کی توسیع صحابہ کرام رضوان اللہ علیہم اجمعین کے زمانے سے برابر ہوتی رہی ہے۔ موجودہ عہد میں بڑے پیمانے پر اس میں توسیع اور اضافہ ہوا ہے اور اب بھی یہ سلسلہ جاری ہے۔

کعبہ ساری دنیا کے مسلمانوں کا قبلہ ہے۔ مسلمان دنیا میں کہیں بھی ہو نماز کے لیے اسی کی طرف رُخ کرتا ہے۔ ہر سال حج کے موقع پر یہاں دنیا کے مسلمانوں کا بلا لحاظ رنگ و نسل، تہذیب و تمدن، زبان و لباس عظیم الشان اجتماع ہوتا ہے جس کی مثال اور کہیں نہیں ملتی۔ کعبہ دنیا کا واحد مقام ہے جہاں چوبیس گھنٹے عبادت ہوتی رہتی ہے اور کسی لمحے بھی اس کا سلسلہ رکتا نہیں۔

مکّہ میں قیام :

ہم لوگوں کو بس شارع الہجرہ میں ہندوستانی سفارت خانے کے دفتر کے پاس رُکی تھی اور سفارت خانے کے پیچھے بلڈنگ نمبر ۲۴ میں ہم لوگوں کا قیام تھا جو یہاں سے دُور نہیں تھی۔ معلم کے آدمیوں نے سامان اتارنے میں مدد کی اور قیام گاہ تک پہنچایا۔ یہاں پہنچتے پہنچتے بھی کافی وقت لگ گیا۔ اِس علاقے کو مسفلہ کہا جاتا ہے۔ بلڈنگ نمبر ۲۴ ایک کثیر منزلہ عمارت ہے۔ ہم لوگوں کا قیام تہہ خانہ (Besement) میں ہوا جہاں ایک بڑا ہال نما کمرہ اور تین اس سے چھوٹے کمرے تھے وہ

باتھ روم اور دو واش بیسن بھی تھے ہم چھ آدمیوں کو جو ایک ساتھ چلے تھے ایک کمرے میں جگہ ملی ہر آدمی کے لئے ایک چھ فٹ لمبا اور تین فٹ چوڑا گدا اور ایک تکیہ تھا۔ چھ گدوں کے بعد سامان رکھنے کے لئے تھوڑی سی جگہ اور تھی، کمرہ ائرکنڈیشنڈ تھا ہمارے بغل والے کمرے میں انور محمود صاحب اپنے متعلقین کے ساتھ اور انوار احمد صدیقی صاحب اپنی بیگم کے ساتھ قیام پذیر تھے۔ انوار احمد صدیقی صاحب شاہ گنج، ضلع جون پور کے رہنے والے ہیں کلکتے میں ان کے بڑے بھائی الطاف احمد صدیقی ہمارے سامنے والے فلیٹ میں رہا کرتے تھے کئی سال پہلے ان کا انتقال ہوگیا۔ اُن کے گھر والوں سے اب بھی ہمارے مراسم ہیں۔ انوار صاحب کے حج کی اطلاع نہیں تھی یہیں ان سے ملاقات ہوئی اُن کے دو لڑکے بھی یہیں جدہ میں ملازمت کرتے ہیں۔ دوسرے کمرے میں ڈاکٹر شفیع لائق اپنے بڑے بھائی اور متعلقین کے ساتھ مقیم تھے۔ اسی تہہ خانے میں ڈاکٹر عبدالسبحان، آفتاب احمد صاحب اور اُن کی بیگم طلعت بھی ہیں۔ اور لوگوں کے علاوہ خورشید انور صاحب، وسیم سلمہٗ، ڈاکٹر عبدالمنان اور اقبال احمد (کونسلر کلکتہ کارپوریشن) بھی اسی عمارت میں قیام پذیر تھے۔ دوسرے دن ڈاکٹر برکت اللہ اور ان کی بیگم ڈاکٹر ناہید خاں بھی آکر اسی عمارت میں ٹھہریں۔ یہ "اے" کٹیگری کی عمارت ہے اور اس کے لئے ہم لوگوں نے فی کس ایک ہزار آٹھ سو سعودی ریال ادا کیا تھا لیکن لطف کی بات یہ ہے کہ "بی" کٹیگری کے لوگ بھی جنہیں کم کرایہ دینا پڑا ہے، اسی عمارت میں قیام پذیر ہوئے۔

بیت اللہ:

فیضان صاحب کو بس ہی پر بخار آگیا تھا۔ بس کے طویل سفر نے ہم لوگوں کو بھی تھکا دیا کمرے میں پہنچ کر فیضان صاحب تو لیٹ گئے۔ ہم لوگوں نے بھی مشورہ دیا کہ ٹھہر کر بعد میں عمرہ کریں۔ ہم لوگ وضو کر کے عمرہ کرنے کو حرم شریف روانہ ہوگئے۔ حرم شریف قریب ہی ہے۔ جانے میں مشکل سے پانچ منٹ لگتا ہے۔ قیام گاہ سے نکل کر سڑک پر کچھ ہی دور گئے تھے کہ حرم شریف کی پُرجلال اور باوقار عمارت پر نظر پڑی۔ سر فرطِ عقیدت سے خم ہوگیا۔ آنکھیں شدتِ جذبات سے پُرنم ہوگئیں اور اپنی قسمت پر رشک آنے لگا کہ مجھ جیسا گناہ گار بندہ اپنی آنکھوں سے اُس دیارِ پاک کو دیکھنے کی سعادت حاصل کر رہا ہے جہاں کی گلی کوچوں میں رسولِ اکرم

صلی اللہ علیہ وسلم گھوما پھرا کرتے تھے، جہاں آپؐ کے قدم مبارک پڑے تھے اور جہاں کی فضاؤں میں آج بھی آپؐ کی آواز کی لہریں رواں دواں ہوں گی۔ سامنے کا صحن دور تک آئینے کی طرح چمک رہا تھا اور حرم شریف کے دونوں مینار اپنی عظمت و جلال کی کہانی سنا رہے تھے۔ سامنے ہی ایک بڑا پھاٹک نظر آیا جس پر "باب عبدالمجید" لکھا تھا اس سے لوگوں کا ازدہام آ جا رہا تھا ہم لوگوں کو "باب السلام" کی تلاش تھی کہ اس سے خانہ کعبہ میں داخل ہونا افضل ہے! اس لئے داہنی طرف ذرا گھوم کر شمال میں پہنچے تو "باب السلام" نظر آیا! اس سے داخل ہو کر کچھ دور چلے کہ بیت اللہ پر نظر پڑی۔ دل فرطِ ارادت و عقیدت سے جھوم اٹھا اور آنکھیں جذبات کی شدت سے چھلک پڑیں کہ اللہ کا وہ گھر نگاہوں کے سامنے ہے جسے دیکھنے کی تڑپ ہر مسلمان کے دل میں موج زن رہا کرتی ہے جس کی تعمیر وادی غیر ذی ذرع میں حضرت ابراہیم نے اپنے دست مبارک سے کی تھی اور جو ساری دنیا کے مسلمانوں کا مرجع و ماویٰ ہے اس پر نظر پڑتے ہی تلبیہ پڑھنا بند کر دیا اور دل کی دعائیں زبان پر آ گئیں کہ دعاؤں کے قبول کرنے والے کا گھر نگاہوں کے سامنے تھا۔ یہ اجابتِ دعا کا خاص وقت ہے۔ خانہ کعبہ پر پہلی نظر پڑتے ہی جو دعائیں مانگی جاتی ہیں وہ رد نہیں ہوتی ہیں مردوں اور عورتوں کی ایک بھیڑ طواف کر رہی تھی اور ہر جگہ لوگ نماز اور تلاوت میں مشغول تھے۔ ہم لوگ بھی طواف کے لئے آگے بڑھے۔

طواف :

طواف حجرِ اسود کے سامنے سے شروع ہوتا ہے جہاں صحن میں نشان کے لئے کالی پٹی بنا دی گئی ہے حجرِ اسود ایک مقدس کالا پتھر ہے جو کعبہ کی دیوار کے جنوبی مشرقی گوشے میں چار فٹ کی بلندی پر نصب ہے اور جس کے چاروں طرف چاندی کا چوکھٹا ہے یہیں سے طواف کا ہر دور شروع ہوتا ہے۔ سب سے پہلے احرام کی چادر کو داہنے ہاتھ کی بغل سے نکال کر بائیں شانے پر ڈال لیں تاکہ داہنا شانہ کھلا رہے! اس کو اضطباع کہتے ہیں! اس کے بعد حجرِ اسود کے سامنے کھڑے ہو کر لیکن حجرِ اسود داہنی جانب ہو پھر طواف کی نیت کریں۔ اس کے بعد ذرا داہنی جانب اتنا چلیں کہ حجرِ اسود بالکل سامنے آجائے پھر بِسْمِ اللّٰہِ اَللّٰہُ اَکْبَرُ

وَلِلّٰہِ الْحَمْد کہتے ہوئے حجر اسود کو بوسہ دیں۔ لیکن حجر اسود تک پہنچنے میں دھینگا مشتی نہ کریں اور دوسرے کو دھکے دے کر آگے نہ بڑھیں اگر حجر اسود تک پہنچنا ممکن نہ ہو تو دونوں ہتھیلیاں اس کی طرف رُخ کر کے چوم لیں۔ اسے استلام کہتے ہیں اور اس طرح طواف شروع کر دیں کہ کعبہ بائیں ہاتھ کی طرف ہو۔ پہلے تین چکروں میں رمل کریں یعنی سینہ تان کر شانے ہلاتے ہوئے ذرا تیز تیز چلیں مگر دوڑیں نہیں۔ باقی چار چکروں میں اپنی چال چلیں رمل صرف مردوں کے لئے ہے عورتیں ساتوں چکر میں اپنی چال سے چلیں۔ حجر اسود سے گزر کر حطیم کے باہر سے ہوتے ہوئے حجر اسود تک ایک چکر ہوگا۔ حطیم خانۂ کعبہ سے متصل شمالی جانب زمین کا وہ حصّہ ہے جو کبھی خانۂ کعبہ میں شامل تھا، گھیر کر اس کی نشان دہی کر دی گئی ہے۔ ہر چکر میں حجرِ اسود کو بوسہ دیں یا استلام کریں۔ ساتوں چکر پورا کرنے کے بعد آٹھویں بار بوسہ دے کر یا استلام کر کے طواف ختم کر دیں۔ طواف کرتے وقت نگاہیں نیچی رکھیں اور جو دعائیں یاد ہوں پڑھتے رہیں اور جو کچھ چاہیں اپنی زبان میں مانگیں۔ کعبے کا جنوبی مغربی گوشہ جو یمن کی سمت واقع ہے رکن یمانی ہے۔ اسی طرح عراق کی سمت کے گوشے کو رکن عراقی اور شام کی سمت کے گوشے کو رکن شامی کہتے ہیں۔ طواف کرتے وقت رُکن یمانی کو چھونا سنّت ہے لیکن اس کے لئے دوسروں کو تکلیف نہیں پہنچانا چاہئے۔ ساتوں چکر پورا کر لینے کے بعد طواف کی دو رکعت نماز مقام ابراہیم کے پیچھے یا آس پاس ادا کریں اور دعا بھی کریں کہ یہ قبولیت دعا کی جگہ ہے۔ خانۂ کعبہ کے دروازے سے کچھ ہی فاصلے پر ایک شیشے کے خانے میں وہ پتھر رکھا ہوا ہے جس پر کھڑے ہو کر حضرت ابراہیمؑ نے خانۂ کعبہ کی تعمیر کی تھی اور اُس پتھر پر آپ کے قدم مبارک کا نقش ثبت ہے اسی کو مقام ابراہیمؑ کہا جاتا ہے۔ نماز سے فارغ ہو کر ملتزم کی طرف آئیں۔ ملتزم حجر اسود اور خانۂ کعبہ کے دروازے کی درمیانی دیوار کا نام ہے اگر موقع ہو تو ملتزم سے چمٹ کر گڑگڑاتے ہوئے اللہ تعالیٰ سے دعا مانگیں اور اگر یہ ممکن نہ ہو تو دوری سے ملتزم کی طرف نگاہ کر کے دعائیں مانگ لیں اس کے بعد سیر ہو کر زم زم نوش کرنے سے پہلے یہ دعا پڑھیں :

اَللّٰھُمَّ اِنِّیْ اَسْئَلُکَ عِلْمًا نَافِعًا　　ترجمہ : اے اللہ ! مجھے مفید علم عطا فرما۔

بِرِزْقٍ وَّاسِعٍ وَّشِفَاءً　　اور رزق میں کشادگی مرحمت فرما اور ہر بیماری
مِّنْ كُلِّ دَاءٍ　　سے شفا عطا فرما۔

زم زم کے کولر مسجد حرام میں جا بجا کافی تعداد میں رکھ دیئے گئے ہیں اور پینے کے لئے کاغذ کے گلاس بھی۔ ان دنوں طواف مسجد حرام کی پہلی منزل اور دوسری منزل پر بھی کیا جا سکتا ہے گو اس میں چکر کا فاصلہ کافی بڑھ جاتا ہے۔

طواف کی نیت سے ہم لوگ حجر اسود کے پاس پہنچے۔ بھیڑ بہت تھی اور دھکے دے کر راستہ بنانا نہ تو مناسب تھا اور نہ پسندیدہ۔ اس لئے اس کے سامنے کھڑے ہو کر استلام ہی پر اکتفا کیا اور سات پھیرے لگائے۔ ہجوم تو کافی تھا مگر ربّ کعبہ کے فضل و مہربانی سے طواف کے پھیرے آسانی کے ساتھ مکمل ہو گئے۔ طواف کے دوران نظام الدین صاحب بچھڑ گئے۔ عورتیں ساتھ رہیں جب طواف ختم ہو گیا ان پر نظر پڑی۔ طواف کے بعد مقام ابراہیمؑ کے قریب دوگانہ نماز نفل پڑھی اور دعائیں کیں پھر ملتزم کے پاس پہنچے اس سے چمٹ کر آتشِ شوق کو سرد کرنے کا موقع تو نہیں ملا اسے چھو کر ہی دل کی آرزوئیں ربّ کعبہ کے دربار میں پیش کیں اس کے بعد خوب سیر ہو کر آب زم زم پیا اور سر اور چہرے پر ملا۔

سعی :

اب صفا و مروہ کی سعی کے لئے آگے بڑھے! اس موقع پر معلّم کے کسی آدمی کو ساتھ رہنا چاہیئے جو مقامات مقدّسہ کی نشان دہی بھی کرے اور مناسک حج کو ادا کرنے میں بھی رہنمائی کرے۔ ہم لوگوں کے ساتھ معلّم کا کوئی آدمی نہیں تھا اس لئے تھوڑی پریشانی ہوئی مگر دوسروں کو دیکھ کر سارے مراحل طے ہو گئے۔ حجر اسود کے بالکل سامنے جنوب مشرق میں باب صفا نظر آتا ہے اس سے ہو کر تھوڑی دور چلیں تو صفا کی پہاڑی پر آ گئے دراصل صفا اور مروہ دو پہاڑیاں تھیں جن کے درمیان پانی کی تلاش میں حضرت ہاجرہؓ نے سات چکر لگائے تھے۔ پہاڑوں کا درمیانی حصّہ نشیب میں تھا۔ یہاں حضرت ہاجرہؓ دوڑ کر گزرتی تھیں حضرت ہاجرہؓ کے اتباع میں صفا مروہ کے درمیان سات چکر لگائے جاتے ہیں! اب پہاڑیوں کے صرف آثار باقی رہ گئے ہیں جن کو حدود حرم میں شامل کر لیا گیا ہے۔ ان دو پہاڑیوں کو

کے درمیان سنگ مرمر کا دو منزلہ برآمدہ بن گیا ہے۔ فرش کے بیچ میں گھیر کر دو پٹریاں بنا دی گئی ہیں جہاں سے ضعیف و کمزور اور معذور حاجیوں کو ہاتھ گاڑی میں بٹھا کر سعی کرائی جاتی ہے۔ ہم لوگوں نے کوہ صفا پر پہنچ کر سعی کی نیت کر کے دعا کی اور پھر مروہ کی طرف چل پڑے فاصلہ تقریباً دو فرلانگ کا ہے۔ وہاں پہنچ کر ایک پھیرا ہو گیا۔ اب پھر وہاں سے دعا کر کے دوسرا پھیرا شروع کیا اور اس طرح سات پھیرے پورے کئے۔ سعی کے وقت بھی دعائیں پڑھتے رہنا چاہئے اور توبہ و استغفار کرتے رہنا چاہئے۔ سعی میں کچھ دور مردوں کو دوڑ کر چلنا چاہئے (عورتوں کو نہیں) اس کی نشان دہی سبز بلب سے کر دی گئی ہے۔ ہم لوگوں نے نیچے کی منزل میں سعی کی۔ جب ہجوم زیادہ ہوتا ہے تو اوپر کی منزل میں بھی سعی ہوتی ہے۔ سعی کے بعد باب السّلام سے باہر نکل کر فی کس تین ریال میں سر منڈوائے (ترشوایا بھی جا سکتا ہے) یہاں سے ایک قطار میں بہت سے سیلون ہیں جن میں اردو جاننے والے ملازم بھی ہیں۔ عورتوں کے لئے انگلی کے ایک پور کے برابر بال ترشوانا کافی ہے۔

مکّہ کے ہوٹل :

عمرہ کے سارے ارکان سے فارغ ہو کر قیام گاہ واپس آئے اب زوروں کی بھوک لگ رہی تھی پہلے غسل کیا اور روزمرّہ کے کپڑے پہن لئے پھر باہر نکلے کھانے کے لئے کچھ ملے! اس علاقے میں ہندوستانیوں کے علاوہ بنگلہ دیشی حجّاج کی قیام گاہیں بہت ہیں اس وجہ سے بنگلہ دیشی ہوٹل کثرت سے ہیں اور نام بھی ڈھاکہ ہوٹل اور چٹاگانگ ہوٹل وغیرہ ہیں جہاں بنگالی ذوق کے کھانے ملتے ہیں۔ ہوٹل کو یہاں مَطعَم کہتے ہیں۔ ان کے علاوہ کیرالا کے لوگوں نے بھی چائے خانے اور ریستوران کھول رکھے ہیں جہاں ان دنوں فاسٹ فوڈ کا رواج عام ہے۔ خوانچوں میں پان بھی بکتا ہوا نظر آیا۔ ناشتے کا کچھ سامان لے کر قیام گاہ واپس آیا اور ناشتہ کر کے اللہ کا شکر ادا کیا۔

پہلا جمعہ :

یہ حُسنِ اتفاق ہے کہ آج جمعہ کا دن ۲۱ مارچ مطابق ۱۲ ذی القعدہ تھا۔ ناشتے سے جلد فارغ ہو کر پھر مسجدِ حرام روانہ ہوئے۔ مسجد میں بھیڑ تھی مگر ابھی

چوں کہ ایامِ حج میں کافی دیر تھی اس لئے جگہ آسانی سے مل گئی اور مکہ معظمہ میں حاضری کے پہلے ہی دن جمعہ کی نماز مسجد حرام میں پڑھنے کی سعادت نصیب ہوئی۔ نمازیوں میں دنیا کے مختلف ملکوں، قومیتوں اور نسلوں کے لوگ ایک آقا کے حضور، ایک امام کے پیچھے ہاتھ باندھے کھڑے تھے۔ حنفی ہوں یا شافعی مالکی ہوں یا حنبلی، سنّی ہوں یا شیعہ سب ایک ہی آستانے پر سجدہ ریز تھے۔ سب اپنے مسلک کے مطابق ایک ہی امام سے اقتدا میں نماز ادا کر رہے تھے۔ کوئی کسی کو ٹوکتا نہیں اور کوئی کسی کے فعل پر معترض نہیں۔ سب کے رُخ ایک ہی گھر کی جانب تھے اور سب کے دل میں ایک ہی لگن موج زن تھی۔ اس روح پرور اجتماع میں محبتوں اور عقیدتوں کا جو منظر نظر آتا ہے اس کی مثال کہیں اور نہیں ملتی۔ امام حرم کی قرأت بہت دل سوز اور اثر انگیز تھی۔ خطبہ عربی میں دیا گیا زبان کی ناواقفیت کے باوجود کون دل ہے جو اس سے متاثر نہ ہوا ہوگا؟

نماز سے فارغ ہو کر قیام گاہ واپس آئے۔ صبح سے مسلسل اس وقت تک کی تگ و دو نے تھکا دیا تھا اس لئے تھوڑی دیر آرام کرنے کو لیٹ گیا۔ فیضان صاحب عصر کے بعد زینت کے ساتھ عمرہ کرنے مسجد حرام گئے۔ ہم لوگوں نے عصر کی نماز قیام گاہ ہی میں پڑھی مغرب کی نماز کے لئے صبیحہ کے ساتھ مسجد حرام گیا اور عشا کی نماز کے بعد کھانا کھا کر واپس آیا۔ مسجد حرام کے قریب فلائی اوور کے پاس کئی پاکستانی ہوٹل ہیں جہاں کھانے کے لئے برِصغیر کے حاجیوں کی بھیڑ رہا کرتی ہے۔ آٹھ ریال سے دس ریال کے اندر اتنا سالن مل جاتا ہے کہ دو آدمی سیر ہو کر کھالیں۔ سالن کے ساتھ روٹیاں مفت ملتی ہیں آپ جتنی چاہیں کھائیں پانی خرید کر پینا پڑتا ہے۔ ایک ریال میں ایک لیٹر کی بوتل ملتی ہے۔ چاہیں تو مسجد حرام سے واٹرپوٹ میں پینے کے لئے آبِ زم زم بھر کر لے آئیں۔ ٹھنڈے مشروبات اور دہی بھی ہوٹلوں میں ملتے ہیں جن میں سے ہر ایک کی قیمت عام طور سے ایک ریال ہوتی ہے۔

مکہ میں پہلی صبح :

دس بجے رات کے بعد ہی سونے کا موقع ملا۔ اس موسم میں مکہ معظمہ کا درجہ حرارت زیادہ سے زیادہ ۳۵-۳۴ اور کم سے کم ۲۲-۲۰ ڈگری سیلسیس

دیارِ حرم میں (حج سفر نامہ)　　　　علقمہ شبلی

۳۵

رہا کرتا ہے۔ رات کو نیند تو آئی مگر صبح کو فجر کی اذان سے پہلے ٹوٹ گئی۔ جلدی جلدی وضو کیا اور بیت اللہ روانہ ہو گئے۔ جیسے ہی سڑک پر نکلے چاروں طرف سے مختلف ممالک کے مرد و خواتین کعبہ کی طرف رواں دواں نظر آئے۔ جب حرم شریف پہنچے تو مشکل سے جگہ ملی۔ ساری مسجد اوپر نیچے مصلیوں سے بھری تھی۔ باہر صحن میں بھی لوگ نماز پڑھ رہے تھے۔ امام خانۂ کعبہ کے پاس حطیم کے اندر کھڑے ہوتے ہیں اور مقتدی چاروں طرف ان کا اقتدا کرتے ہیں۔ ساری مسجد میں دبیز قالین کا فرش ہے اور جا بجا سٹیل کے ریک میں قرآن پاک کی جلدیں رکھی ہوتی ہر وقت اُن کی تلاوت ہوتی رہتی ہے۔ تھوڑی تھوڑی دور پر آبِ زم زم کے کولر بھی کافی تعداد میں رکھے ہوئے ہیں اور صفائی کا یہ حال ہے کہ کہیں کسی طرح کی گندگی نظر نہیں آتی۔ صفائی کرنے والے ہمہ وقت موجود نظر آئے۔ اُن کی شناخت آسانی سے ہو جاتی ہے۔ یہ خاص یونیفارم میں رہتے ہیں اور بیج بھی لگاتے ہیں۔ یہ زیادہ تر بنگلہ دیشی ہیں۔ کچھ پاکستانی، ہندوستانی اور دوسرے ممالک کے بھی ہیں۔ ان کی نگرانی کے لئے عرب سپروائزر بھی نظر آئے۔ مسجد حرام میں پانچ وقتوں کے علاوہ تہجد کی اذان بھی ہوتی ہے۔ تقریباً ہر نماز کے بعد نمازِ جنازہ بھی ہوتی ہے۔ حاجیوں کے علاوہ مقامی لوگوں کے جنازے بھی یہاں آتے ہیں۔ نمازِ فجر کے بعد طواف کی سعادت بھی نصیب ہوئی۔ حاجیوں کی آمد ابھی شروع ہوئی ہے اس لئے طواف میں بہت زیادہ بھیڑ نہیں ہوئی۔ یہاں طواف کرنا بڑے ثواب کا کام ہے اس لئے جہاں تک ہو سکے زیادہ سے زیادہ طواف کرنا چاہیئے۔

ہر حاجی کی کوشش ہوتی ہے کہ ساری نمازیں مسجد حرام میں باجماعت ادا ہوں۔ یہاں عورتوں اور مردوں کی نمازیں الگ الگ نہیں ہوتی ہیں۔ عورت اور مرد دونوں ایک ہی جگہ نماز ادا کرتے ہیں ویسے صفیں عموماً الگ الگ ہو جاتی ہیں۔

چاہِ زم زم :

طواف کے بعد گھوم پھر کر حرم شریف کے مختلف حصوں کی بھی زیارت کی۔ چاہ زم زم بھی جا کر دیکھا۔ یہ مطاف کے پاس بیت اللہ کے جنوب مشرق میں زیرِ زمین واقع ہے۔ کنویں کو چاروں طرف سے شیشے سے گھیر دیا گیا ہے اور بجلی کے موٹر

کے ذریعہ پانی آتا ہے۔ عورتوں اور مردوں کے پینے اور وضو کرنے کے لئے الگ الگ ہال بنا دیا گیا ہے۔ جہاں کثیر تعداد میں نل لگے ہوئے ہیں اور ساتھ ہی لوہے کے جگ بھی ہیں یہاں بھی لوگوں کی کافی بھیڑ نظر آئی۔ میں نے آبِ زمزم سے وضو کیا اور سیر ہو کر پیا بھی۔ دوگانہ نفل بھی ادا کیا۔ یہ بھی ایک معجزہ ہے کہ پانی کا یہ چشمہ اب تک نہ صرف جاری ہے بلکہ لاکھوں لوگوں کو سیراب کر رہا ہے۔ پانی شیریں اور ہاضم ہے جتنا پیجئے گرانی نہیں ہوتی۔

مدینہ کو روانگی :

٢٣ مارچ کو معلّم کے آدمی نے آکر خبر دی کہ آج عصر کے بعد مدینہ منوّرہ روانہ ہونا ہے اس لئے مغرب کی نماز پڑھنے مسجد حرام نہ جائیں چنانچہ نماز قیام گاہ ہی پر پڑھ لی۔ نماز کے بعد اطلاع ملی کہ مغرب کے بعد بس روانہ ہوگی۔ اب ہم لوگ انتظار کرتے رہے اور بس کا پتہ نہیں۔ آخر تقریباً دس بجے رات کو بس روانہ ہوئی ہمارے معلّم کا دفتر ہماری قیام گاہ سے تقریباً نصف کلومیٹر کے فاصلے پر شارع الہجرہ پر واقع ہے مگر اب چونکہ معلّمین کا تقرر حکومت کرتی ہے اس لئے ان کا تعلق براہِ راست حجاج سے نہیں ہوتا اور ان کے نمائندے بھی نظر نہیں آتے! انہیں رقم بھی حکومت ادا کرتی ہے اس لئے حاجیوں کے آرام و تکلیف کی انہیں کوئی فکر نہیں۔ روانگی کے لئے بس کا انتظام کر دیا اور سمجھ بیٹھے کہ سارا مرحلہ طے ہو گیا۔ حاجیوں کی پریشانی دیکھنے والا کوئی نہیں۔

مکّہ سے مدینہ کی مسافت تقریباً چار سو پچاسی (٤٨٥) کلومیٹر ہے جسے بس کے ذریعہ طے کرنے میں کم و بیش چھ سات گھنٹے لگتے ہیں۔ ہماری بس دس بجے رات کو روانہ ہوئی اور راستے میں وقفہ وقفہ سے رکتی رہی لیکن یہ بتانے والا کوئی نہیں کہ یہ کون سی جگہ ہے اور بس یہاں کتنی دیر رکے گی۔ ڈرائیور عربی کے علاوہ کوئی اور زبان نہیں سمجھتا اور اس کا رویّہ بھی ہمدردانہ نہیں، اس لئے اس سے بھی کسی طرح کی مدد نہیں ملی۔ رات ہونے کی وجہ سے راستے کے مقامات و مناظر کو دیکھنے کا بھی موقع نہیں ہوا۔ بس تو کئی مقامات پر رکی لیکن اس ڈر سے کہ کہیں بس روانہ نہ ہو جائے۔ فجر کی نماز بھی قضا ہو گئی۔

مدینہ منوّرہ

کافی دن چڑھے بس مدینہ منوّرہ کے حدود میں داخل ہوئی اور یہاں آکر بھی شہر میں ادھر اُدھر چکّر لگاتی رہی۔ ایسا معلوم ہو رہا تھا کہ ڈرائیور کو پتہ نہیں کہاں ٹھہرنا ہے وہ ہم لوگوں کی بات سمجھنا بھی نہیں چاہتا تھا اور معلّم کا کوئی نمائندہ بھی نہیں تھا جو کچھ راہ نمائی کرتا۔ کئی گھنٹوں کے بعد بس ایک جگہ آکر رُکی۔ اب کوئی یہ بتانے والا نہیں کہ کہاں جانا ہے اور کہاں ٹھہرنا ہے۔ ایسا اندازہ ہو رہا تھا کہ پہلے سے قیام گاہ کا تعین بھی نہیں ہے لوگ اِدھر اُدھر مارے پھر رہے تھے اور کوئی پوچھنے والا نہیں تھا۔ بس میں مسلسل بیٹھے رہنے کی وجہ سے تکان تو تھی ہی، بھوک بھی زوروں کی لگ رہی تھی۔ سامنے ہی کئی ریستوران تھے جہاں ناشتہ چائے اور ٹھنڈے مشروبات مل رہے تھے جس کو جو مل سکا اس سے پیٹ بھرا اور پیاس بجھائی۔ اس طرح تقریباً دو گھنٹے گزر گئے اور ظہر کی نماز بھی قضا ہوگئی۔ بڑی مشکلوں سے تقریباً ۳ بجے سہ پہر کو محمد احمد مکّی کی بلڈنگ کی پہلی منزل میں ہم چھ آدمیوں کو ایک کمرہ ملا۔ اگر پہلے سے بلڈنگ اور کمرے کا تعین ہو جائے اور حاجیوں کو کارڈ دے دیئے جائیں یا معلّم کا کوئی نمائندہ ساتھ رہے تو اس طرح کی پریشانی نہ ہو اور وقت ضائع نہ ہو۔ ہم لوگوں کی قیام گاہ شارع المطار النازل (ائیرپورٹ روڈ) پر شرکۃ الراجی المصرفیہ کے پیچھے واقع تھی۔ بلڈنگ بُری نہیں۔ کمرے میں مکّہ کی طرح ہر شخص

کے لئے ایک گدّا اور تکیہ تھا۔ فی کس دس دن کا کرایہ دو سو (۲۰۰) سعودی ریال تھا کمرہ ائرکنڈیشنڈ تھا مگر یہاں تو رات کے وقت خاصی ٹھنڈک تھی اس لئے اسے چلانے کی ضرورت نہیں۔ ہم لوگ گرم کپڑے بھی نہیں لے گئے تھے صرف ایک اونی شال ساتھ تھا سردی میں تکلیف ہو رہی تھی۔ خاص طور سے صبح کے وقت مسجد نبوی جانے میں ٹھنڈک کا زیادہ احساس ہوتا تھا۔

کون مسلمان ہوگا جس کے دل میں دربار رسالت مآب میں حاضری کی تمنا کروٹیں نہ لیتی ہوگی اور کون کلمہ گو ہوگا جس کے سینے میں رسول اکرم صلی اللہ علیہ وسلم کے روضۂ اقدس کی زیارت کے لئے آتشِ شوق نہ بھڑکتی ہوگی۔ سرور کائنات صلی اللہ علیہ وسلم کا ارشاد گرامی ہے:

"جس نے میری وفات کے بعد میری زیارت کی، یہ
ایسا ہی ہے جیسا کہ اس نے میری زندگی میں زیارت کی۔"

کون ایسا بدنصیب ہوگا جو حج کے لئے آئے گا اور آپ صلی اللہ علیہ وسلم کے روضۂ پاک کی زیارت سے دل کو سرور اور آنکھوں کو نور نہیں پہنچائے گا جب کہ رسول اکرم نے خود اُسے اپنی زندگی میں اپنی زیارت قرار دی ہے۔ مسجد نبوی میں نماز پڑھنا دوسری مسجدوں میں ایک ہزار نمازیں پڑھنے سے افضل ہے سوائے مسجد حرام کے جہاں نماز پڑھنا مسجد نبوی میں سو نمازیں پڑھنے سے افضل ہے۔ آپ کا یہ بھی ارشادِ گرامی ہے:

"جس نے میری قبر کی زیارت کی، اُس کے لئے میری
شفاعت ضروری ہے۔"

کیا فضیلت و برکت ہے اس دیارِ حبیب کی جہاں مسجد نبوی ہے اور مسجدِ نبوی میں گنبد خضریٰ ہے جہاں حضور روحی فداہ صلی اللہ علیہ وسلم اپنے دونوں رفقاء حضرت ابوبکر صدیق ؓ اور حضرت عمر فاروق ؓ کے ساتھ آرام فرما ہیں۔ یہ وہ ارضِ پاک ہے جہاں اس عظیم انسان کے نقوشِ پا قدم قدم پر ہیں جس نے دنیا کو انسانیت کا درس اور امتِ عالم کا پیغام دیا جس سارے دنیاوی امتیازات مٹا دیئے، جو گھر کا کام اپنے

ہاتھوں سے کیا کرتا تھا۔کئی دن ایسے بھی آئے جب اُس کے گھر چولہے میں آگ نہیں جلتی تھی۔

مسجدِ نبویؐ میں :

انہیں احساسات کے ساتھ ہم مدینہ منوّرہ میں داخل ہوئے۔عصر کا وقت ہو رہا تھا۔مسجدِ نبوی میں حاضری کے ارادے سے وضو کر کے کپڑے تبدیل کئے اور نظام الدین صاحب کے ساتھ روانہ ہوگئے۔قیام گاہ سے مسجدِ نبوی زیادہ دُور نہیں تھی۔دس منٹ جانے میں لگتا تھا۔مسجدِ نبوی حسین و جمیل اور پُر وقار عمارت ہے۔اُسے فنِ عمارت سازی کا عمدہ نمونہ کہا جاسکتا ہے۔شروع میں تو یہ چھوٹی سی مسجد تھی جس کی بنیاد رسولِ اکرم صلی اللہ علیہ وسلم نے اپنے دستِ مبارک سے نماز ادا کرنے کے لئے رکھی تھی۔اس کی تعمیر صحابہ کرام کے ساتھ مل کر آپؐ نے فرمائی تھی۔یہ سادہ مگر پُر وقار عبادت گاہ تھی جس کی تعمیر میں کھجور کے پتے اور تنے استعمال ہوئے تھے۔بارش میں چھت ٹپکتی تھی اور رسولِ خدا صلی اللہ علیہ وسلم اپنے جلیل القدر رفقائے کے ساتھ اس گیلی زمین پر بارگاہِ ایزدی میں سجدہ ریز ہوتے تھے۔اس لئے صحن میں کنکر بچھا دیئے گئے۔پہلے قبلہ شمال کی جانب بیت المقدس کی سمت تھا جب ہجرت کے دوسرے سال تحویل قبلہ کا حکم آیا تو قبلہ جنوب کی جانب کعبہ کی سمت مقرر کیا گیا۔رسول اللہ صلی اللہ علیہ وسلم کے بعد خلیفۂ اول حضرت ابو بکر صدیق رضی اللہ عنہ کے زمانے میں مسجدِ نبوی میں کوئی تبدیلی نہیں ہوئی۔اس کے بعد مختلف خلفا کے عہد میں مسجدِ نبوی کی توسیع و تزئین ہوتی رہی۔بنو اُمیہ کے دورِ خلافت میں مسجدِ نبوی میں کافی توسیع و اضافے کا کام ہوا اور بہت سے اردگرد کے مکانات کو خرید کر مسجدِ نبوی میں شامل کر دیا گیا۔چاروں گوشوں میں چار مینارے بھی تعمیر ہوئے۔خلفائے عبّاسی کے عہد میں بھی توسیع کا سلسلہ جاری رہا۔جب عثمانی حکومت کا دور آیا تو سلطان عبدالمجید نے مسجدِ نبوی کی از سرِ نو تعمیر کا ارادہ کیا اور دنیا کے مشہور معماروں کو اس کام کے لئے مقرر کیا۔اس کی تکمیل ان کے جانشیں سلطان عبدالعزیز نے کی۔اب مسجدِ نبوی کا سارا فرش سنگِ مرمر کا ہو گیا جس پر بیش قیمت

قالین بچھائے گئے۔ چھت کی محرابوں کو بہترین فن خطاطی سے قرآن پاک کی آیات سے مزین کیا گیا اور چھت میں قیمتی جھاڑ فانوس لگائے گئے۔ غرض مسجد کی وسعت و آرائش میں سلاطین عثمانیہ نے کوئی دقیقہ اٹھا نہیں رکھا۔ مسجد نبوی کی بڑے پیمانے پر توسیع جدید سعودی سلاطین کی کاوشوں کا نتیجہ ہے۔ اس توسیع و اضافے اور آرائش و زیبائش پر سعودی حکومت نے تقریباً پچاس کروڑ ریال خرچ کیا ہے۔ آج مسجد نبوی ایک وسیع و عریض رقبے میں پھیلی ہوئی ہے جو جلال و جمال کا بہترین نمونہ ہے اور جس کی شان و شوکت دیکھنے سے تعلق رکھتی ہے۔

مسجد نبوی کے دروازے :

توسیع کے نتیجے میں اس وقت مسجد نبوی میں داخل ہونے کے دس دروازے ہیں جنوب کی جانب قبلہ ہے اس لئے اس طرف کوئی دروازہ نہیں مشرق کی جانب تین دروازے (۱) باب جبرئیل (۲) باب النساء اور (۳) باب عبدالعزیز ہیں۔ مغرب کی جانب چار دروازے (۱) باب السّلام (۲) باب ابوبکر صدیق (۳) باب الرحمۃ اور (۴) باب السعود ہیں جس جگہ خلیفۂ اوّل حضرت ابوبکر صدیق کا مکان تھا وہاں جدید توسیع کے وقت سعودی حکومت نے باب ابوبکر صدیق بنا کر یادگار کارنامہ انجام دیا۔ مسجد کے شمال کی جانب تین دروازے (۱) باب عمر (۲) باب مجیدی اور (۳) باب عثمان ہیں۔ باب عمر اور باب عثمان سعودی حکومت نے تعمیر جدید کے وقت بنوائے۔ اب مسجد میں بیک وقت لاکھوں لوگ نماز پڑھ سکتے ہیں۔ باہر چاروں طرف وسیع صحن ہے جس کی صفائی کا یہ حال ہے کہ شیشے کی طرح چمکتا رہتا ہے۔ روشنی کا ایسا انتظام ہے کہ ساری مسجد بقعۂ نور بنی رہتی ہے۔

روضۂ اقدس :

مسجد نبوی کے جنوبی و مشرقی گوشے میں رسولِ اکرم صلی اللہ علیہ وسلم کا روضۂ مبارک ہے۔ یہ دراصل اُمّ المومنین حضرت عائشہ صدیقہ رضؓ کا حجرہ تھا۔ محبوبِ خداؐ کا سر اقدس مغرب کی جانب، قدم مبارک مشرق کی جانب (باب جبرئیل کی طرف) اور چہرۂ پُر نور جنوب کی جانب (قبلہ کی سمت) ہے خلیفۂ اوّل

علقمہ شبلی
دیارِ حرم میں (حج سفر نامہ)

۴۱

حضرت ابو بکر صدیقؓ اور خلیفہؓ ثانی حضرت عمر فاروقؓ بھی یہیں آرام فرما ہیں خلیفۂ اوّل کی قبر رسول اللہ صلی اللہ علیہ وسلم کی دائیں جانب ہے اور اُن کا سر حضورؐ کے سینۂ مبارک کے سیدھ میں ہے۔ اسی طرح خلیفۂ دوم کی قبر اس کی دائیں جانب ہے اور ان کا سر خلیفۂ اوّل کے سینۂ مبارک کی سیدھ میں ہے۔ اس ترتیب سے تدفین اس لئے ہوئی کہ ادب ملحوظ رہے روضۂ پاک کے سامنے جالی لگی ہوئی ہے جس میں تین دائرے بنے ہوئے ہیں ایک بڑا دائرہ حضورؐ کے چہرۂ مبارک کے سامنے، دوسرا خلیفۂ اوّل کے چہرے کے سامنے اور تیسرا خلیفۂ ثانی کے چہرے کے سامنے۔ انہیں دائروں کے سامنے کھڑے ہو کر صلوٰۃ سلام پڑھے جاتے ہیں۔ شروع میں مزار مبارک پر گنبد نہیں تھا حضرت عمر بن عبد العزیزؒ نے مزار مبارک کے چاروں طرف کی دیوار کو پنج گوشہ بنوایا تاکہ خانۂ کعبہ سے اس کی شکل الگ رہے اور کسی زمانے میں خانہ کعبہ کی طرح اس کا بھی طواف نہ ہونے لگے بسلطان قائتبائی نے اس پر قبہ بنوا کر سبز رنگ سے رنگوا دیا۔ ۱۲۳۳ھ میں سلطان محمود بن عبد الحمید ثانی نے اس پر از سر نو گنبد تعمیر کر کے سبز رنگ چڑھایا! اسی وجہ سے اسے گنبد خضریٰ (ہرا گنبد) کہا جاتا ہے۔

روضۃُ الجنّۃ : مسجد نبوی کا وہ حصہ جو روضۂ پاک اور رسول اللہؐ کے منبر کے درمیان واقع ہے روضۃُ الجنّۃ کہلاتا ہے اس مقام کے بارے میں ارشاد گرامی ہے :

> " جو جگہ میرے گھر اور منبر کے درمیان ہے وہ جنّت کے باغوں میں سے ایک ہے "

یہ جگہ حقیقت میں جنت کا ایک ٹکڑا ہے جو دنیا میں منتقل کر دیا گیا ہے اور قیامت کے دن جنت میں چلا جائے گا۔ اُس روضۃ الجنّۃ میں سرورِ کائنات کا مصلّیٰ بھی ہے جہاں آپؐ امامت فرمایا کرتے تھے! اس جگہ ایک خوبصورت محراب بنی ہوئی ہے جو محراب نبوی کہلاتی ہے۔ یہ محراب سنگ مرمر کی ہے جس پر سونے کے پانی سے خوبصورت میناکاری کی گئی ہے اور اوپر قرآن مجید کی یہ آیت کریمہ لکھی ہوئی ہے۔

اِنَّ اللّٰہَ وَمَلٰٓئِکَتَہٗ یُصَلُّوْنَ عَلَی النَّبِیِّ ط ترجمہ : اللہ اور اُس کے فرشتے رسول پر

يَا اَيُّهَا الَّذِيْنَ اٰمَنُوْا صَلُّوْا عَلَيْهِ وَسَلِّمُوْا تَسْلِيْمًا ۔ رحمت بھیجتے ہیں۔ اے ایمان والو! تم (بھی) آپؐ پر صلوٰۃ و سلام بھیجو۔

محراب کی مغربی جانب هٰذَا مُصَلّٰى رَسُوْلُ اللّٰهِ صَلَّى اللّٰهُ عَلَيْهِ وَسَلَّمَ لکھا ہوا ہے۔ محراب کی پشت پر قبلہ کی سمت پیتل کی جالیوں کی دیوار بنی ہے اور محراب کے دائیں بائیں پیتل ہی کے دروازے بنے ہوئے ہیں۔ آج کل امام صاحب اسی جگہ اگلے حصے میں کھڑے ہو کر امامت کرتے ہیں۔ روضۃ الجنۃ میں زائرین دو رکعت نماز تحیۃ المسجد پڑھتے ہیں اگر ہجوم کی وجہ سے یہاں جگہ نہ ملے تو اس کے آس پاس یا مسجد میں جہاں جگہ ملے پڑھ لینا کافی ہے۔ نماز کے بعد اللہ تعالیٰ کا شکر ادا کریں کہ اس نے اس سعادت سے نوازا اور دربار رسالت میں حاضری کی توفیق عطا فرمائی۔ اس کے بعد روضۂ اقدس کے پاس نہایت ادب کے ساتھ ہاتھ باندھ کر نیچی نگاہ کر کے کھڑے ہوں اور عاجزی و انکساری کے ساتھ درود و سلام پیش کریں لیکن اس کا خیال رکھیں کہ آواز بلند نہ ہو۔

مسجد نبوی کے ستون : روضۃ الجنۃ کے ارد گرد سات خاص ستون ہیں جنہیں سنگ مرمر کے کام اور سنہری مینا کاری سے نمایاں کر دیا گیا ہے۔ یہ ستون بہت متبرک اور ممتاز ہیں۔

۱ ___ ستون حضرت صدیقہؓ : ایک بار رسول اکرم صلی اللہ علیہ وسلم نے فرمایا تھا کہ میری مسجد میں ایک ایسی جگہ ہے جہاں لوگوں کو اگر نماز پڑھنے کی فضیلت کا علم ہو جائے تو وہ قرعہ اندازی کرنے لگیں حضرت عائشہ صدیقہؓ نے اس جگہ کی نشان دہی فرمائی تھی وہیں ستون عائشہ بنا دیا گیا ہے

۲ ___ ستون ابو لبابہؓ : ابو لبابہؓ ایک انصاری صحابی تھے۔ ان سے ایک قصور سرزد ہوا اور انہوں نے اپنے آپ کو اس ستون سے باندھ لیا تھا جب ان کا قصور معاف ہوا تو اس سے جدا کیا گیا اس لئے اسے ستون توبہ بھی کہتے ہیں۔

۳ ___ ستون وفود : یہاں آپؐ باہر سے آنے والے وفود سے ملاقات

کرتے تھے۔

۴ ـــ ستون سریر : رسولِ اکرمؐ اس جگہ اعتکاف فرماتے تھے اور یہیں آپؐ کے لئے بستر بچھا دیا جاتا تھا۔

۵ ـــ ستون تہجد : یہاں رسولِ خداؐ تہجّد کی نماز ادا فرمایا کرتے تھے۔

۶ ـــ ستون حرس : حضرت علیؓ اُس جگہ بیٹھ کر رسول اللہؐ کی پاسبانی کیا کرتے تھے! اس لئے اُسے ستون علیؓ بھی کہتے ہیں۔

یہ تمام ستون مسجد نبوی کے اس حصّے میں ہیں جو حضور کے زمانے میں تھا۔ اُن کے پاس جاکر نوافل ادا کریں، دعائیں مانگیں اور توبہ واستغفار کریں۔

۷ ـــ ستون حنانہ : یہ محراب النبیؐ کے قریب ہے۔ یہاں آپؐ کھڑے ہو کر خطبہ ارشاد فرمایا کرتے تھے۔

اصحابِ صُفّہ : قدیم مسجد نبویؐ کے شمال مشرقی گوشے میں مسجد سے ملا ہوا ایک چبوترہ تھا جہاں وہ مسلمان رہتے تھے جن کا نہ کوئی گھر بار تھا اور نہ بیوی بچے تھے اُن کی زندگی فقر و فاقہ کا نمونہ تھی۔ یہ لوگ دن رات رسولؐ کی خدمت میں حاضر رہتے۔ دین کی تعلیم حاصل کرتے اور تبلیغ اسلام کے لئے دوسرے مقامات پر جاتے رہتے تھے۔ یہی اصحابِ صُفّہ کہلاتے تھے۔ اب یہ چبوترہ محراب تہجّد کے بالکل سامنے کٹہرے سے گھرا ہوا ہے یہاں ہر وقت لوگ قرآن پاک کی تلاوت میں مصروف رہتے ہیں۔

مسجد نبوی میں پہنچ کر عصر کی نماز باجماعت پڑھی اور اس پروردگارِ عالم کے احسان کا شکریہ ادا کیا جس نے مجھ جیسے ایک عبدِ ناچیز کو اپنے حبیب لبیب احمد مجتبیٰ محمد مصطفےٰ صلی اللہ علیہ وسلم کی مسجد میں نماز پڑھنے کا شرف بخشا اور اس ارض پاک کو آنکھوں سے لگانے کی سعادت نصیب کی۔ مسجد نبوی میں مردوں اور عورتوں کی نمازیں الگ ہوتی ہیں۔ مشرقی حصے میں مستورات نماز پڑھتی ہیں اور مغرب کی طرف مردوں کی جماعت ہوتی ہے۔ دونوں حصّوں کے بیچ میں

دیوار ہے اور داخلے کے دروازے بھی الگ الگ ہیں۔ ہم مردوں کے حصے کی طرف بڑھ گئے اور صبیحہ روشن کے ساتھ مستورات کے حصے میں نماز پڑھنے چلی گئیں۔

دربارِ رسالت میں حاضری:

نماز کے بعد ارادہ ہوا کہ دربار رسالت میں حاضر ہو کر روضۂ پاک کے دیدار سے آنکھوں کی عمر بھر کی تشنگی بجھائی جائے اور صلوٰۃ و سلام پیش کر کے دل کے اضطراب کو کم کیا جائے مگر ہجوم کا یہ عالم تھا کہ آگے بڑھنے کا یارا نہیں۔ اس ڈر سے دل کی دھڑکنیں تیز تھیں اور قدم ڈگمگا رہے تھے کہ دربار رسالت میں کہیں بے ادبی نہ ہو جائے اور کوئی ایسی اضطراری حرکت نہ ہو جائے جو خلافِ شان ہو۔ روضۂ اقدس کے پاس ہر وقت محافظوں کا سخت پہرہ رہتا ہے جو لوگوں کو شرک و بدعت سے بچنے کی ہدایت کرتے رہتے ہیں اور بھیڑ کو آگے بڑھانے کے لئے بھی کوشاں رہتے ہیں تاکہ دوسروں کو بھی زیارت کا موقع ملتا رہے۔ کچھ لوگ عدم واقفیت کی وجہ سے جالی کو چھونے، چومنے اور آنکھوں سے لگانے کی کوشش کرتے ہیں۔ محافظ لوگوں کو ہاتھ سے دور ہٹاتے رہتے ہیں کہ یہ بے ادبی کی حرکتیں ہیں پھر بھی لوگوں کا شوق کم نہیں ہوتا۔ اور جالیوں سے چمٹنے کی کوشش کرتے رہتے ہیں۔ ہر وقت غلامانِ نبی اور عشاقِ رسول کا ہجوم لگا رہتا ہے اور صلوٰۃ و سلام کی آوازیں بلند ہوتی رہتی ہیں۔ ہم نے مناسب نہیں سمجھا کہ دھکے دے کر اور دوسروں کو تکلیف پہنچا کر روضہ کے قریب پہنچا جائے دور ہی سے آہستہ آہستہ درود و سلام پڑھتے رہے اور دل کی آرزوئیں پیش کرتے رہے نظریں دل کی ترجمانی کرتی رہیں۔ اس وقت دل کا عجیب حال تھا۔ فرطِ جذبات سے رقت طاری تھی اور الفاظ زبان سے بہ دقت ادا ہو رہے تھے۔ مسجد نبوی میں بھی اگر یہی بار معلم کے نمائندے ساتھ رہیں تو مختلف حصوں کے سمجھنے اور زیارت کے آداب سے واقف ہونے میں آسانی ہو۔

اتنے میں مغرب کی اذاں ہوئی اور صفیں لگنے لگیں۔ ہم بھی صف میں کھڑے ہو گئے اور نماز ادا کی۔ پھر عشا کی نماز بھی مسجد نبوی میں ادا ہوئی۔

انور خاں سے ملاقات:

نماز عشاء کے بعد قیام گاہ واپس ہوئے راستے

میں اتفاقاً انور خاں سے ملاقات ہو گئی۔ کلکتہ میں ان کی الیکٹرک کی دکان ہے اور شریف لین میں رہتے ہیں۔ کچھ دنوں سے مدینہ منورہ میں الیکٹریشین (Electrician) کی حیثیت سے ملازمت کر رہے ہیں۔ ان کو ہم لوگوں کی آمد کی خبر ہو گئی تھی۔ بہت گرم جوشی سے ملے اور قیام گاہ پر بھی آئے۔ کلکتہ کی باتیں ہوتی رہیں اور مدینہ منورہ بھی موضوع گفتگو رہا۔ اُن کا قیام تو یہاں سے کچھ دوری پر ہے لیکن اُن کے چھوٹے بھائی مزمل قریب ہی رہتے ہیں پھر ملاقات کرنے کا وعدہ کر کے وہ رخصت ہوئے۔ یہ مدینے میں پہلی رات تھی۔ سب ہی لوگ تھکے ہوئے تھے۔ اس لئے باتیں کرتے کرتے آنکھ لگ گئی اور صبح ہی نیند سے بیدار ہوئے۔

مدینہ میں پہلی صبح : دوسرے دن صبح کو چار بجے مسجد نبوی پہنچے چاروں طرف سے مردوں اور عورتوں کا ہجوم کشاں کشاں اس مرکز کی طرف رواں دواں نظر آیا ہر ایک کو یہ فکر تھی کہ مسجد نبوی کے اندر جگہ مل جائے اور روضۂ اقدس کے قریب نماز ادا کرنے کی سعادت حاصل ہو۔ ہم لوگوں کو بڑی مشکل سے مسجد کے اندر جگہ مل سکی بہت سے لوگوں کو باہری صحن میں نماز ادا کرنی پڑی سرد ہوائیں بھی چل رہی تھیں مگر اس کی پرواہ کس کو تھی۔ جہاں بھی جگہ مل جاتی غلامانِ رسول غنیمت سمجھتے اور سرِ نیاز بارگاہ خداوند بے نیاز میں خم کر دیتے۔ ان دنوں مدینہ منورہ کا درجۂ حرارت زیادہ سے زیادہ ۲۳-۲۴ ڈگری اور کم سے کم ۱۲، ۱۳ ڈگری سیلیسیس رہتا ہے۔ یہاں چار بجے تہجد کی اذان ہوتی ہے۔ پانچ بجے فجر کی اذان کا وقت ہے۔ موذّن اور امام دونوں خوش گلو ہیں۔ آواز پُرکشش اور باوقار ہے! امام صاحب کی قرأت میں ایسا جلال ہے کہ آدمی متاثر ہوئے بغیر نہیں رہ سکتا۔ آج بھی عصر کی نماز کے بعد روضۂ پاک میں حاضری دی۔ حاضری سے پہلے روضۃ الجنّۃ کے قریب دو رکعت نماز ادا کی اور پھر صلوٰۃ و سلام کے نذرانے پہلے رسول اکرم صلی اللہ علیہ وسلم کے حضور میں پھر آپؐ کے دونوں صحابۂ کرام کی جناب میں پیش کئے۔ یہ خیال ہر لمحہ دل میں تھا کہ یہ محض پروردگار عالم کی شان کریمی ہے کہ اس نے ایک بے بضاعت اور گناہ گار بندے کو اپنے محبوبؐ کے دربار عالی میں حاضر ہونے اور صلوٰۃ و سلام پیش کرنے کی سعادت نصیب کی۔

دربارِ رسالت میں عورتوں اور مردوں کی حاضری کے وقت الگ الگ مقرر ہیں۔ آج مستورات کے ساتھ نسیمہ نے بھی محبوبِ خدا کے دربار میں حاضری دی۔ ہجوم بہت تھا۔ پھر بھی کسی طرح صلوٰۃ و سلام پیش کرنے کا موقع مل گیا۔ واپسی میں بھیڑ میں گم ہو گئیں اور مقررہ مقام پر نہیں پہنچ سکیں ہم نے کافی انتظار کیا اور ادھر اُدھر دیکھا بھی مگر مستورات کے حصے میں جانے کا سوال ہی نہیں تھا اس لئے قیام گاہ چلا گیا کہ شاید وہاں پہنچ گئی ہوں لیکن جب یہاں نہیں پایا تو تشویش ہوئی مگر انتظار کرنے کے سوا اور کوئی چارہ بھی نہیں تھا۔ بھٹکتی ہوئی کافی دیر کے بعد پہنچیں۔ بھیڑ میں چپلیں بھی نہیں مل سکیں۔

قیام گاہ کے قریب کیرالا والوں کے کئی ریستوران اور ہوٹل ہیں جہاں کے ناشتے اور کھانے غنیمت ہیں۔ کچھ فاصلے پر پاکستانی ہوٹل بھی ہیں جہاں برصغیر کے ذوق کے کھانے ملتے ہیں۔ قیمتیں مکہ معظمہ ہی کی طرح ہیں۔ نو۔ دس ریال میں دو آدمی سیر ہو کر کھا سکتے ہیں مگر یہاں کھانے کی فکر کسے ہے؟ وقت پر جو بھی مل جائے پیٹ بھرنے کے لئے غنیمت ہے۔ بازار میں طرح طرح کے پھل اور میوے نظر آئے جو دنیا کے مختلف حصوں سے درآمد کئے جاتے ہیں۔ رات انور خاں نے اصرار کر کے کھانے کا انتظام کیا۔ کھانا قیام گاہ ہی پر آ گیا۔ کئی دنوں کے بعد گھر کا پکا مُرغ کا سالن اور چاول ملا خوب سیر ہو کر کھایا۔ اس کے بعد بھی کئی دن ان لوگوں نے کھانے کا اہتمام کیا۔

مدینہ منوّرہ میں یہ معمول رہا کہ ساری نمازیں مسجد نبوی میں باجماعت ادا ہوں اور جتنا زیادہ موقع ملے دربارِ رسالتؐ میں حاضر ہو کر صلوٰۃ و سلام کے نذرانے پیش کئے جائیں اور حضورؐ سے دل کھول کر عرض و نیاز کی سعادت حاصل کی جائے۔ گرچہ یہاں ہر وقت ایک بھیڑ لگی رہتی ہے اور ہجوم کا ریلا آتا جاتا رہتا ہے۔ ایک جگہ کھڑا رہنا دشوار ہوتا ہے لوگ ایک دوسرے پر گرتے پڑتے رہتے ہیں۔ پھر بھی اس کی پرواہ کسے ہوتی ہے؟ ہم بھی کئی بار اس بھیڑ میں کھڑے ہو کر دھکے کھاتے رہے اور رسول اکرمؐ کے حضور دلِ بے قرار کی آرزوئیں گوش گزار کرتے رہے مگر دل تھا کہ بھرتا نہیں اور یہاں سے ہٹنے کو جی نہیں چاہتا۔

حُجّاجِ کرام کی بھیڑ:

مدینہ شریف میں روز بروز حاجیوں کی بھیڑ بڑھتی

دیارِ حرم میں (حج سفرنامہ) علقمہ شبلی

۴۷

جا رہی تھی۔ دنیا کے مختلف ممالک کے مرد و عورت جن کے رنگ۔ زبان۔ لباس سب جُدا جُدا ہیں، ساری مشقتیں برداشت کر کے ایک مقصد سے ایک ہی زبان میں ایک خدا کے کے سامنے نہایت عاجزی وانکساری کے ساتھ سرِ عبودیت خم کرتے ہیں اور سرورِ کائنات رسول اللہ صلی اللہ علیہ وسلم کے حضور نہایت ادب و احترام سے حاضر ہوتے ہیں۔ انڈونیشیا، ترکی اور الجزائر کے کافی لوگ نظر آئے جن کی شناخت ان کے منفرد لباس اور شکل وصورت کی وجہ سے بہ آسانی ہو جاتی ہے اور اکثر حضرات و خواتین شناختی بیج بھی لگائے رہتے ہیں۔ وقت سے پہلے پہنچ جانے پر بھی مسجد نبوی کے کے اندر بڑی مشکلوں سے جگہ ملتی ہے۔ اللہ کے بندوں اور رسولؐ کے عاشقوں کا مجمع لگا رہتا ہے اور مسجد سے باہر راستوں میں اور دکانوں کی پشتوں پر بھی مصلّٰی بچھا کر نماز ادا کرتے ہیں۔ ایسا لگتا ہے کہ سب لوگوں پر ایک بے خودی کی سی کیفیت طاری ہے اور کسی کو اس کی فکر نہیں کہ سرِ راہ یا فرشِ زمین پر بیٹھے ہیں بس دل میں ایک لگن ہے اور سر میں ایک سودا ہے جو کسی دوسری طرف متوجہ ہونے کا موقع نہیں دیتا۔

ایک دن عصر کی نماز کے بعد روضۃُ الجنّۃ میں جگہ مل گئی اور قرآن پاک کی تلاوت کو بیٹھ گیا۔ خانۂ کعبہ کی طرح مسجد نبوی میں بھی پیتل کے ریک میں جا بجا قرآن پاک کی جلدیں رکھی رہتی ہیں اور حجاج کرام تلاوت کرتے رہتے ہیں۔ میں تلاوت کو تو بیٹھ گیا مگر آنکھیں تھیں کہ بند ہوتی جا رہی تھیں۔ غنودگی کا ایک ایسا غلبہ کہ تلاوت کیا، بیٹھنا بھی دوبھر نظر آ رہا تھا، حالانکہ اس وقت اس طرح کی کیفیت بالکل غیر معمولی بات تھی کہ پھر بھی کسی طرح اس صورت حال پر قابو پانے کی کوشش کی اور تلاوت پوری کی۔ نماز مغرب کا وقت بھی ہو گیا تھا وہیں مغرب کی نماز بھی پڑھی اور پھر چاق وچوبند ہو گیا۔ غنودگی کا کہیں پتہ نہیں۔

مسجد نبوی کے گِرد دکانیں :

مسجد نبوی کے اِردگرد مطعم (ہوٹل) اور چائے خانے بہت ہیں۔ جہاں کھانوں کے علاوہ چائے کافی اور ٹھنڈے مشروبات

بھی ملتے ہیں۔ یہاں ہر وقت خریداروں کی بھیڑ لگی رہتی ہے۔ بسا اوقات تو قطار میں کھڑا ہونا پڑتا ہے۔ ضرورت کے دوسرے سامانوں کی دکانیں بھی بہ کثرت ہیں جہاں زیادہ تر دوسرے ممالک سے درآمد شدہ مصنوعات نظر آئیں۔ دکانیں بہت سجی سجائی ہیں اور روشنی سے جگمگاتی رہتی ہیں۔ کئی پانچ ستارہ ہوٹل پر بھی نظر پڑی جو وسیع اور بلند و بالا عمارتوں میں واقع ہیں مسجد نبوی کے مقابل شمال میں ہوٹل مدینہ اوبیرائے کی پر وقار عمارت ہے اس کے نیچے زیورات کی بہت ساری دکانیں ہیں جہاں انواع و اقسام کے زیورات جگمگاتے رہتے ہیں یہ دکانیں نماز فجر کے بعد ہی کھل جاتی ہیں اور رات گئے تک کھلی رہتی ہیں۔ اس موسم میں خریداروں کی بھیڑ لگی رہتی ہے۔ مختلف ممالک کے لوگ خصوصًا خواتین زیورات کی دکانوں کا چکر لگاتی رہتی ہیں۔ اکثر دیکھنے میں آیا کہ نمازوں کے بعد (خصوصًا فجر اور عشاء کی نماز کے بعد) دکانوں میں بھیڑ بڑھ جاتی ہے اور خرید و فروخت کو لوگ ٹوٹ پڑتے ہیں۔ یہ حجاج کرام کے لئے ایک آزمائش بھی ہے۔ دکانوں کے مالک عمومًا عرب شیوخ ہوتے ہیں لیکن فروخت کرنے والے عربوں کے علاوہ پاکستانی، ہندوستانی اور انڈونیشیائی بھی نظر آئے تاکہ خریداروں سے اُن کی زبانوں میں گفتگو ہو سکے۔ پھر بھی بعض اوقات زبان کی اجنبیت سے افہام و تفہیم میں دشواری ہوتی ہے۔ سونے کی قیمت میں یہاں ہندوستان سے بہت زیادہ فرق نہیں ہے بلکہ بعض لحاظ سے گراں ہے۔ کیوں کہ زیورات کی کوئی گارنٹی نہیں ہے اور اگر ہو بھی تو اس گارنٹی کی سہولت سے استفادہ کس طرح ہو سکتا ہے۔ اکثر دیکھا گیا ہے کہ وہاں کے زیورات کا سونا خالص نہیں ہوتا اور کچھ دنوں کے استعمال کے بعد بے رنگ اور بے قیمت ہو جاتا ہے۔ یہی حال قیمتی پتھروں کا بھی ہے۔

شہدائے اُحد :

۲۸ مارچ جمعہ کی صبح کو انور خاں اپنی کمپنی کی گاڑی لے کر آئے اور ہم لوگ مدینہ کے اِردگرد کے مقامات مقدسہ کی زیارت کو نکلے۔ سب سے پہلے شہدائے اُحد کے مزار پر پہنچے۔ کوہ اُحد مدینہ منوّرہ کے شمال میں تقریبًا تین کلومیٹر کے فاصلے پر ایک مقدس پہاڑ ہے۔ اب تو اس کے بڑے حصّے کو کاٹ کر سڑکیں اور عمارتیں بن گئی ہیں۔ اس

پہاڑی کے دامن میں اسلام کی دوسری بڑی لڑائی غزوۂ اُحد ہوئی تھی جس میں دوسرے بڑے صحابۂ کرام کے ساتھ آپؐ کے چچا سید الشہدا حضرت حمزہؓ اور جلیل القدر صحابی حضرت مصعب بن عمیرؓ اور عبد اللہ بن جحشؓ شہید ہوئے تھے۔ اُن کے مزارات یہیں ہیں اور دوسرے شہدائے اُحد کے مزارات پچھم جانب کچھ دُور ہٹ کر ہیں مگر اب اُن مزارات کا کہیں نام و نشان باقی نہیں۔ سعودی حکومت نے ان سب کو زمین کے برابر کردیا ہے تاکہ قبر پرستی اور دوسری بدعتوں کو سر اٹھانے کا موقع نہیں ملے۔ یہ مزارات ایک احاطے کے اندر ہیں جس کا پھاٹک مقفل رہتا ہے۔ ہم لوگوں نے جالیوں سے مسطح مزارات کی زیارت کی اور فاتحہ پڑھ کر سلام کے نذرانے پیش کئے۔ زائرین کا ہجوم تھا۔ کچھ لوگ تو پہاڑی پر بھی نظر آئے۔

پانچ مسجدیں :

اس کے بعد ہم لوگ خمسہ مساجد (پانچ مسجدیں) دیکھنے پہنچے۔ سب سے پہلے مسجد فتح نظر آئی اسے مسجد احزاب بھی کہتے ہیں۔ یہ بلندی پر واقع ہے۔ روایت کے مطابق غزوۂ خندق کے موقع پر آپؐ نے یہاں پیر منگل اور بدھ تین دن متواتر فتح و نصرت کی دعا فرمائی اور تیسرے دن قبولیت دعا کی بشارت ملی اور مسلمانوں کو فتح نصیب ہوئی۔ اس مسجد کے قبلہ رُخ چار اور مسجدیں، مسجد سلمان فارسیؓ، مسجد ابوبکر صدیقؓ، مسجد عمر فاروقؓ اور مسجد علیؓ واقع ہیں۔ دراصل غزوۂ خندق کے موقع پر یہاں اُن جلیل القدر اصحاب کے خیمے اور پڑاؤ تھے۔ جہاں رسول اکرمؐ نے بھی تشریف لاکر نماز ادا فرمائی تھی اُن کو متعین اور محفوظ کرنے کے لئے مسجدیں تعمیر کردی گئی ہیں۔ یہ مسجدیں زیادہ بڑی نہیں ہیں اور ان پر کوئی کتبہ بھی نہیں ہے۔ اگر حکومت ان مساجد پر کتبہ لگوادے تو زائرین کو نشان دہی میں آسانی ہو۔ ہر مسجد میں ایک مجاور بھی نظر آئے جو زائرین سے بخشش کے طلب گار بھی تھے۔ ہم لوگوں نے ہر مسجد میں دوگانہ نفل ادا کی۔ اور ان اصحاب کبار کی روح پر فتوح پر سلام بھیجے۔

ان مسجدوں کے اردگرد کھانے پینے کھلونے اور دوسری چیزوں کی دکانیں

بھی نظر آئیں جن میں بڑی گہما گہمی تھی اور زائرین خریداری کر رہے تھے۔

مسجد قبار : مدینہ منوّرہ سے تین میل جنوب کی جانب جو آبادی ہے اُسے قبار کہتے ہیں۔ رسولِ اکرمؐ کی ہجرت مدینہ کے زمانے میں یہاں انصار کے بہت سے خاندان آباد تھے۔ مدینہ تشریف لے جاتے ہوئے آپ نے قبار میں چار دن قیام فرمایا اور اپنے دست حق پرست سے مسجد قبار کی بنیاد رکھی اور اس کی تعمیر میں دوسرے لوگوں کے ساتھ شریک رہے۔ یہی سب سے پہلی مسجد ہے جو مسلمانوں نے تعمیر کی۔ مسجد حرامؐ مسجد نبوی اور مسجد اقصیٰ کے بعد یہ مسجد تمام دوسری مسجدوں سے افضل ہے اس مسجد میں دوگانہ نفل نماز پڑھنے کا ثواب ایک عمرے کے برابر ہے۔ یہ یہاں کی محراب پر عربی میں تحریر ہے۔ یہ چھوٹی سی حسین مسجد ہے۔ یہاں داخل ہونے پر دل کو عجیب کیف و سرور ملتا ہے۔ ہم لوگوں نے دو رکعت نفل ادا کی اور درود و سلام پڑھتے رہے۔

مسجد قبلتین : یہ مسجد مدینہ منوّرہ کے شمال مغرب میں تین میل کے فاصلے پر بلندی پر واقع ہے۔ یہ ایک وسیع اور نہایت ہی خوبصورت مسجد ہے۔ وضو خانوں اور غسل خانوں کا معقول انتظام ہے! ابتدا میں مسلمانوں کا قبلہ بیتُ المقدس تھا او مسلمان اس کی طرف رُخ کر کے نماز ادا کرتے تھے۔ تقریباً بیس ماہ تک یہی قبلہ رہا ایک بار حضورؐ مسجد بنو سلمہ میں ظہر کی نماز کی امامت فرمارہے تھے تیسری رکعت کے لئے کھڑے ہوئے کہ تحویل قبلہ کی آیت نازل ہوئی :

فَوَلِّ وَجْهَكَ شَطْرَ الْمَسْجِدِ الْحَرَامِ ط

ترجمہ : (پس اپنا رُخ مسجد حرام کی طرف پھیر دو۔)

اور اسی وقت آپؐ صحابہؓ کرام کے ساتھ کعبہ کے رُخ پھر گئے اور بقیہ دو رکعتیں کعبے کی طرف رُخ کر کے ادا کیں اور قیامت تک مسلمانوں کا قبلہ یہی مقرر ہوا! اسی لئے اسے مسجد قبلتین یعنی دو قبلوں والی مسجد کہا جاتا ہے۔ اس کی نشان دہی کے لئے ایک

محراب بیت المقدس کی طرف اور دوسری خانہ کعبہ کی جانب بنی ہوئی ہے۔ عربی اور اردو کے علاوہ اور بھی مختلف زبانوں میں اس کی وضاحت کردی گئی ہے۔ یہاں بھی ہم لوگوں نے دوگانہ نفل پڑھی اور توبہ استغفار کرتے رہے۔

مسجد جمعہ، مسجد غمامہ:

وقت کی تنگی کی وجہ سے ہم لوگ مدینہ منورہ قریب کی دو اور مسجدوں کی زیارت نہیں کرسکے۔ ایک مسجد جمعہ جو مسجد قباء سے کچھ فاصلے پر واقع ہے۔ ہجرت کے موقع پر جب رسول اللہ صلی اللہ علیہ وسلم قبا سے مدینہ کی طرف روانہ ہوئے تو اسی مقام پر جمعہ کی نماز کا وقت ہوگیا اور آپ نے یہیں نماز جمعہ ادا فرمائی اسی جگہ اب مسجد جمعہ واقع ہے دوسری مسجد غمامہ۔ جو شہر ہی میں مسجد نبوی کے قریب ہے۔ یہاں سرورِ کونین صلی اللہ علیہ وسلم عیدین کی نماز پڑھا کرتے تھے اسی مسجد کے سامنے میدان میں مجرموں کو سزا دی جاتی ہے۔

نماز جمعہ:

زیارت سے واپس آتے آتے دس بج گئے۔ آج جمعہ بھی تھا سویرے اگر مسجد نبوی نہیں پہنچ سکے تو اندر جگہ ملنی مشکل تھی۔ بہت جلدی کرنے پر بھی گیارہ بجے سے پہلے مسجد نہیں پہنچ سکے! اندر جگہیں پُر ہوچکی تھیں۔ ہم لوگوں نے صحن ہی میں مصلے بچھا کر نماز ادا کی۔ عورتوں کو بھی اندر جگہ نہیں مل سکی، اُن لوگوں نے بھی مستورات کے احاطے کے صحن ہی میں نماز ادا کی یہاں بھی امام صاحب کی قرأت بہت دل سوز اور پُر اثر تھی۔

موسم ابر آلود تھا۔ عصر کے بعد تو بُوندا باندی بھی شروع ہوگئی تھی جس کا سلسلہ عشاء کے قبل تک رہا۔ حاجیوں کو اس کی وجہ سے پریشانی ہوئی۔ مسجد میں سارے لوگوں کی گنجائش نہیں تھی۔ اور باہر بارش کی وجہ سے ٹھہرنا دشوار تھا۔ غالباً مدینہ منورہ میں ایسا کم ہوتا ہے اِس لئے اس سے بچاؤ کا کوئی انتظام نہیں۔ بارش کی وجہ سے ٹھنڈک بھی بڑھ گئی۔

مسجد نبوی کا بالائی حصّہ : ان دنوں مسجد نبوی کے اُوپر چھت پر بھی نمازیں ہوتی ہیں۔ وہاں سے مسجد نبوی کا منظر اور اور تعمیری محاسن قابلِ دید ہیں۔ یہاں سے گنبدِ خضریٰ بھی صاف نظر آتا ہے یہاں بھی لوگوں کا ہجوم نماز، تلاوت قرآن مجید اور صلوٰۃ و سلام میں مشغول نظر آتا ہے۔ مجھے بھی یہاں بیٹھ کر قرآن پاک تلاوت کرنے اور صلوٰۃ و سلام پیش کرنے کی سعادت نصیب ہوئی۔ یہاں قلب کو جو طمانیت اور سکون حاصل ہوتا ہے اُسے لفظوں میں بیان نہیں کیا جا سکتا۔ حقیقت یہ ہے کہ مدینہ منورہ حسن و جمال اور رحمت و رافت کا گہوارہ ہے اور کیوں نہ ہو؟ یہاں قدم قدم پر رحمتہ للعالمین صلی اللہ علیہ وسلم کے مقدس قدموں کے نشان آج بھی عاشقانِ رسول کے لئے شمع راہ گزر ہیں۔

مسجد ابُوذر غفاری : ہم لوگوں کا قیام شارعُ المطارُالنازل پر تھا، وہاں سے چل کر مسجد نبوی میں جانے کے لئے جہاں سڑک مڑتی ہے وہیں موڑ پر ایک حسین اور سُبک مسجد ہے جس کا نام مسجد ابی ذر غفاری ہے اور سڑک کو شارع ابی ذر غفاری کہا جاتا ہے۔ سڑک کے کنارے مسجد نبوی تک دکانوں کی قطاریں ہیں جن میں دنیا بھر کی مصنوعات فروخت کے لئے موجود ہیں۔ ہر وقت اُن میں خریداروں کی بھیڑ بھی لگی رہتی ہے۔ ایک دن مغرب کی نماز مسجد ابی ذر غفاری میں بھی ادا کی مسجد چھوٹی لیکن خوبصورت ہے مسجد نبوی کی طرح اس مسجد میں بھی قالین کا فرش ہے یہاں کی مسجدوں میں قالین کا فرش عام ہے۔ یہاں مسجدیں عموماً نماز کے اوقات میں کھلتی ہیں اور باقی وقتوں میں بند رہتی ہیں۔ مغرب کی اذان سے کچھ قبل مسجد کھُلی اور دیکھتے ہی دیکھتے نمازیوں سے بھر گئی۔ نماز کے بعد امام صاحب نے عربی میں تقریر شروع کی کچھ لوگ تو اُٹھ کر چلے گئے اور باقی لوگ تقریر سنتے رہے۔

کسی زمانے میں یہ سرزمین بے برگ و گیاہ تھی لیکن آج ہر طرف سڑکوں کے کنارے

درخت اور پودے لگ گئے ہیں جس سے سرسبزی و شادابی نظر آتی ہے۔ مسجد ابی ذر غفاری کے سامنے ایک پارک بھی نظر آیا جس میں بچے کھیل رہے تھے۔

جنّتُ البقیع :

ایک دن عصر کی نماز کے بعد جنّت البقیع کی زیارت کو گئے۔ صبیحہ، نظام الدین صاحب اور اُن کی بیگم بھی ساتھ تھیں۔ جنّت البقیع مدینے کا بابرکت قبرستان ہے جو مسجد نبوی کے متّصل اس سے مشرق و جنوب کی طرف واقع ہے۔ یہاں رسول اللہ صلی اللہ علیہ وسلم کے حکم سے مدفین کا سلسلہ شروع ہوا تھا۔ یہاں کثیر تعداد میں صحابہ کرام اور صحابیات عظام رضوان اللہ علیہم اجمعین مدفون ہیں جن میں خلیفۂ ثالث حضرت عثمان غنیؓ، اُمّ المومنین حضرت عائشہ صدیقہؓ، اُمّ المومنین حضرت حفصہؓ، حضرت فاطمہ زہراؓ اور حسن بن علیؓ بھی شامل ہیں۔ اب جنّت البقیع کے چاروں طرف اُونچی دیواریں بنا دی گئی ہیں اور پھاٹک لگا دیئے گئے ہیں جو صرف مخصوص وقتوں میں کھلتے ہیں اور زائرین حاضر ہو کر ایصال ثواب کرتے ہیں۔ اور ہدیۂ صلوٰۃ و سلام پیش کرتے ہیں۔ عورتوں کو جنّتُ البقیع کے اندر جانے کی ممانعت ہے۔ اس لئے عورتوں کو باہر ہی چھوڑنا پڑا۔ اور نظام الدین صاحب اور میں اندر گئے موجودہ حکومت نے سارے مقبروں کے نقوش مٹا ڈالے ہیں اور ہر طرف مٹی اور پتھروں کا ڈھیر نظر آتا ہے۔ قبروں کی نشان دہی کی کوئی صورت نہیں۔ حکومت کے افسران اور پولس سے حکام ہر طرف نظر آئے جو زائرین کو آگے بڑھنے۔ سجدہ کرنے اور سکّے پھینکنے سے منع کر رہے تھے۔ ایک بورڈ بھی لگا ہوا دیکھا جس میں ایسے کاموں کی ممانعت کی گئی ہے جب ہم لوگ اندر پہنچے تو زائرین کی ایک بڑی بھیڑ وہاں موجود تھی۔ ہم لوگ بھی ایک طرف جا کر کھڑے ہو گئے اور فاتحہ پڑھ کر صحابۂ کرام رضوان اللہ علیہم اجمعین کو صلوٰۃ و سلام کا نذرانہ پیش کرتے رہے۔ مغرب کی نماز سے پہلے وہاں سے نکل آئے۔ جنّت البقیع کے باہر ان دنوں دکانیں تعمیر ہو گئی ہیں جہاں جائے نماز، تسبیح، انگوٹھیاں، ٹوپیاں چائے اور ٹھنڈے مشروبات وغیرہ فروخت ہوتے ہیں۔

کھجور کی منڈی : ایک دن ظہر کی نماز کے بعد انور خاں کے ساتھ کھجور کی منڈی گئے۔ ڈاکٹر برکت اللہ بھی ساتھ تھے۔ یہ کھجوروں کی خاص منڈی ہے جو مسجد نبوی سے کچھ ہی فاصلے پر ہے۔ منڈی کافی وسیع علاقے میں پھیلی ہوئی ہے اور یہاں قسم قسم کی کھجوریں تھوک قیمت میں دستیاب ہیں۔ یہاں کی کھجوریں بہت لذیذ اور رس دار ہوتی ہیں۔ یہ ساری دنیا میں مشہور ہیں۔ انور خاں نے مختلف دکانوں کے چکر لگائے آخر ایک دکان پر آٹھ ریال فی کلو کے حساب سے بات طے ہوئی۔ کھجور کی قیمت پانچ ریال سے پچاس ریال فی کلو تک تھی۔ اجوہ کھجور تو اور بھی گراں ہے۔ فی کلو ایک سو ریال سے کم نہیں ملتی۔ یہ کھجوریں چھوٹی گول دانے کی ہوتی ہیں اور کہا جاتا ہے کہ دل کے مریضوں کے لئے مفید ہیں۔ یہاں بھی حجاج کرام کی بھیڑ نظر آئی جو بطور تبرک وطن لے جانے کے لئے کھجوریں خرید رہے تھے۔ مدینے میں ہم لوگوں کا قیام محمد احمد مکی کے مکان میں ہے اُن کے بھی کھجور کے باغات ہیں۔ مکان کی دیکھ بھال کرنے کے لئے کیرالا کا ایک نوجوان محمد اکبر اُن کے یہاں ملازم ہے اُس نے اُن کے باغات کی کھجوریں کھلائیں اور خریداری کے لئے بھی کہا۔ ان سے بھی تھوڑی کھجوریں خریدیں۔

فیض اور ظفر : خورشید انور صاحب کے صاحبزادے فیض انور چارٹرڈ اکاؤنٹنٹ ہیں اور ریاض میں ملازمت کرتے ہیں۔ والدین سے ملنے مدینہ پہنچے ہیں۔ مجھ سے بھی ملاقات ہوئی۔ یہ سنجیدہ، سلیم الطبع، نرم مزاج اور مذہب کے پابند نوجوان ہیں۔ اُن کا ارادہ والدین کے ساتھ حج کا تھا۔

ایک دن مسجد نبوی سے باہر محمد منظور صاحب (رائل انڈین ہوٹل) کے صاحبزادے ظفر صاحب سے ملاقات ہوگئی۔ یہ بھی اپنی بیگم کے ساتھ حج کے لئے آئے تھے۔ اپنے ملک سے باہر جب کسی ہم وطن سے ملاقات ہو جاتی ہے تو عجیب خوشی و مسرت کا احساس ہوتا ہے۔

مسجد نبوی میں نمازیں : مسجد نبوی میں چالیس وقت کی نمازیں ادا کی

جاتی ہیں جو آٹھ دنوں میں مکمل ہوتی ہیں۔ اس لئے مدینہ منورہ کے سفر میں تقریباً دس دن لگ جاتے ہیں۔ اس دوران ہم نے کوشش کی کہ زیادہ سے زیادہ وقت مسجد نبوی میں گذرے اور حضور کے روضے کی قربت نصیب ہو۔ کون جانے حاضری کی سعادت پھر نصیب ہوتی ہے یا نہیں ویسے دل و نظر کی تشنگی تو یہی کہتی ہے کہ بار بار جام دید ملتا ہے اور تشنگی بڑھتی رہے۔ ہم لوگ ۲۲ مارچ کو مدینہ پہنچے اور یکم اپریل کو واپسی ہوئی۔

مدینہ سے روانگی :

یکم اپریل ۱۹۹۷ء مطابق ۲۳ ذی القعدہ ۱۴۱۷ھ کو مدینہ منورہ سے واپسی طے ہوئی۔ کبھی معلوم ہوتا کہ لے جانے کے لئے بس عصر بعد آئے گی اور کوئی کہتا روانگی عشاء کے بعد ہوگی۔ دقت یہ تھی کہ معلم کا کوئی آدمی نظر نہیں آتا تھا جو ٹھیک وقت اور صحیح صورت حال بتائے۔ خورشید انور صاحب نے بتایا کہ جس بلڈنگ میں ان کا قیام تھا وہاں روانگی کی نوٹس لگ گئی تھی۔ ہم لوگوں کے بلڈنگ میں نہ کوئی نوٹس لگی اور نہ کسی نے آکر کچھ بتایا۔ بس اکیر نے اتنا کہا کہ آج آپ لوگوں کی مکہ روانگی ہے۔

ہم لوگوں نے سامان ٹھیک ٹھاک کر لیا۔ اس خیال ہی سے طبیعت ملول ہو رہی تھی کہ سرکار مدینہ کے دربار سے رخصت ہونے کا وقت آخر آ ہی گیا۔ عصر کی نماز ادا کرنے مسجد نبوی گئے۔ نماز کے بعد حضور صلی اللہ علیہ وسلم کے روضۂ اطہر کے پاس پہنچے۔ بھیڑ کا وہی عالم تھا۔ کسی طرح کھڑے ہو کر آخری بار صلوٰۃ و سلام پیش کیا اور دل کی آرزوئیں زبان پر آگئیں کہ اے خدا کے رسول اور محبوب آخر آپ سے رخصت ہونے کا وقت آگیا۔ آپ کے روضے کی زیارت اور آپ کی بارگاہ میں ہماری یہ حاضری آخری نہ ہو آپ خدا سے سفارش کر دیجئے کہ وہ صحت و تندرستی کے ساتھ زندہ رکھے اور بار بار اس شہر مقدس، مسجد نبوی اور روضۂ اطہر پر حاضری کی توفیق عطا فرمائے ساتھ ہی یہ التجا بھی کی کہ یہاں آکر قیام کے دوران اگر کوئی بے ادبی و کوتاہی ہوئی ہو تو

اُسے درگزر فرمائیں۔ یہ درخواست کرتے ہوئے بھاری قدموں اور پُر اشک آنکھوں کے ساتھ رخصت ہوئے۔ صبیحہ بھی مڑ مڑ کر گنبدِ خضریٰ کی طرف دیکھ رہی تھیں اور بادلِ ناخواستہ قیام گاہ کی طرف بڑھ رہی تھیں۔

قیام گاہ پہنچ کر بس کے انتظار میں رہے۔ مغرب کا وقت پھر عشاء کا وقت بھی ہو گیا اور ہم نے محلے کی مسجد میں نمازیں بھی پڑھ لیں۔ سب لوگ زحمتِ انتظار سے بے چین تھے اور بس تھی کہ اس کا پتہ ہی نہیں۔ آخر کھانا کھا لینے کے بعد دس بجے کے قریب بس آکر لگی۔ انور، مزمل اور شہاب کی مدد سے سامانوں کو بس تک پہنچایا۔ مدینۃ النبی کو آخری سلام کرکے بس میں بیٹھ گئے اور جب سب لوگ سوار ہو گئے تو گیارہ بجے کے قریب بس روانہ ہوئی۔

ذُوالحلیفہ : بس ایئرکنڈیشنڈ اور آرام دہ ہے، کشادہ سڑک پر تیزی سے آگے بڑھ رہی تھی۔ مدینہ کی عمارتیں اور راستے پیچھے رہ گئے تھے۔ رات کا وقت تھا اس لئے راستے کے مناظر سے کما حقہٗ لطف اندوز ہونے کا موقع نہیں ملا۔ بس روانہ ہونے کے تھوڑی دیر کے بعد ناشتے کا پیکٹ تقسیم ہوا حالانکہ کھانے کا وقت بھی گزر چکا تھا ایک بجے کے قریب بس ذُوالحلیفہ پہنچی۔ اسے بیرِ علیؓ بھی کہا جاتا ہے۔ یہ مدینہ منورہ سے ۶۰، ۶۵ کلومیٹر کے فاصلے پر ہے۔ بس مختلف مقامات پر رُکتی ہوئی آگے بڑھ رہی تھی اس لئے کافی وقت لگ رہا تھا۔ بیرِ علیؓ میں تقریباً ایک گھنٹہ بس رُکی۔ یہ مکہ معظمہ جانے کے لئے میقات ہے یہیں سے احرام باندھنا پڑتا ہے۔ یہاں نہایت شاندار اور بہت کشادہ مسجد ہے۔ انتظامات بھی عمدہ اور قابلِ تعریف ہیں۔ وضو خانے غسل خانے، پیشاب خانے اور پاخانے بڑی تعداد میں ہیں اور صاف ستھرے ہیں عورتوں اور مردوں کے لئے الگ الگ انتظام ہیں۔ لوگ غسل یا وضو کر کے احرام باندھ رہے تھے۔ ہم لوگوں نے بھی وضو کیا اور عمرہ کی نیت سے احرام باندھا۔ مدینہ منورہ سے احرام باندھ کر چل سکتے ہیں۔ احرام کے بعد دو رکعت نمازِ احرام پڑھی جب سب لوگ بس میں سوار ہو گئے تو بس آگے بڑھی۔

۵۷

فجر کی نماز :

رات کا وقت تھا۔ سب لوگ تھکے ماندے تھے۔ اس لئے اپنی اپنی نشستوں پر سوتے جاگتے بس پر آگے بڑھتے رہے۔ سوا چار بجے کے قریب بس ایک جگہ رُکی۔ ڈرائیور نے کہا کہ فجر کی نماز پڑھ لیجئے۔ بہت ساری بسیں وہاں لگی تھیں۔ ہم لوگ بس سے نیچے اُترے۔ ہوٹل اور ریستوران تو بہت نظر آئے جہاں لوگ خورد و نوش میں مصروف تھے۔ ترکی اور انڈونیشیا کے حجاج کافی تعداد میں تھے ادھر ادھر تلاش کرنے کے باوجود مسجد کہیں نظر نہیں آئی۔ کوئی رہنمائی کرنے والا بھی نہیں تھا مجبوراً ہم لوگ بس پر سوار ہو گئے ڈرائیور بھی بس چھوڑ کر کہیں جا چکا تھا تھوڑی دیر کے بعد اذان کی آواز آئی اور ہم لوگ اسی سمت چل پڑے قریب ہی ایک چھوٹی سی مسجد نظر آئی۔ مسجد سے متصل وضو خانہ اور پیشاب خانہ بھی تھا لیکن لوگوں کے ہجوم کے پیش نظر اُن کی تعداد بھی بہت کم تھی۔ لوگ قطار میں کھڑے اپنی باری کا انتظار کر رہے تھے۔ میں نے کسی طرح جگہ بنا کر مشکل سے وضو کیا اور مسجد پہنچا۔ یہاں بھی جگہ بہت تنگ تھی اور لوگ ایک دوسرے پر ٹوٹے پڑ رہے تھے۔ اب پھر اذان ہوئی۔ غالباً یہ فجر کی اذان تھی اور اس سے پہلے تہجد کی اذان ہوئی تھی۔ باجماعت نماز پڑھی اور نماز کے بعد بس پھر روانہ ہوئی۔ جب بس مکہ معظمہ کے قریب پہنچی تو پھر ایک جگہ رُکی۔ یہاں حاجی صاحبان کو زم زم کا پانی پینے کو ملا۔ اور آبِ زم زم کی ایک ایک بوتل بھی ملی۔ اب بس جو آگے بڑھی تو مکہ کے مکانات اور دکانیں نظر آنے لگیں۔ یہ عمارتیں جدید طرز پر تعمیر ہوئی ہیں اور دیکھنے میں بہت خوبصورت ہیں۔ سڑکوں پر جا بجا درخت اور سبزے بھی نظر آئے۔ دکانوں میں دنیا کے مختلف ممالک کی مصنوعات بھری پڑی تھیں۔ چین، جاپان، امریکہ، انگلستان اور فرانس وغیرہ کے سامانوں کی ریل پیل تھی مغربیت کا رجحان بڑھ رہا ہے۔ پہننے اور کھانے پینے میں ہر جگہ اس کے اثرات نمایاں ہیں۔ زیادہ تر چیزیں پلاسٹک کے ڈبوں میں ملتی ہیں جنہیں استعمال کے بعد پھینک دیا جاتا ہے۔

پھر مکہ معظمہ

مدینہ منورہ سے واپسی پر تقریباً دس بجے دن کو بس مکہ میں قیام گاہ کے قریب رکی۔ سامان لے کر قیام گاہ پہنچے اور عمرہ کے طواف وسعی کے لئے حرم روانہ ہوگئے۔ مکہ اور مدینہ کے درجہ حرارت میں عموماً پانچ چھ ڈگری کا فرق ہوتا ہے۔ طواف کرتے کرتے پسینے میں شرابور ہوگئے۔ ایک تو دھوپ تیز دوسرے لوگوں کی بڑھتی ہوئی بھیڑ۔ کسی طرح طواف مکمل کیا اور سعی کے لئے صفا پر پہنچے۔ چار ہی پھیرے مکمل کئے تھے کہ ظہر کی اذان ہوگئی اور پھر جماعت کا وقت بھی ہوگیا۔ صفا اور مروہ کے درمیان سعی کی جگہ میں بھی صفیں لگنے لگیں اور ہم لوگ بھی صف میں کھڑے ہوگئے، گو لوگ زیادہ تھے اور جگہ بہت تنگ، بڑی مشکلوں سے نماز جماعت کے ساتھ ادا کی۔ اور پھر سعی مکمل کی۔ اگر سعی مکمل نہ ہو اور جماعت کھڑی ہوجائے تو سعی چھوڑ کر جماعت میں شامل ہوجانا چاہئے! اور پھر جہاں سے سعی چھوڑی ہے، اسے مکمل کرنا چاہئے۔ سعی کے بعد سر منڈوا کر قیام گاہ واپس ہوئے۔ تکان بہت تھی۔ بس کے سفر اور طواف وسعی نے بہت تھکا دیا تھا۔ آرام کرنے کو جو لیٹے تو نیند آگئی اور عصر کی نماز کے لئے بھی حرم نہیں جاسکے مغرب اور عشاء کی نمازیں حرم شریف میں ادا ہوئیں۔

اردو نیوز : جب سے مکہ آئے ہیں ہندوستان کا کوئی اخبار نظر سے نہیں گزرا ہندوستانی سفارت خانے میں بھی پتہ لگانے کی کوشش کی مگر وہاں بھی کوئی ہندوستانی اخبار نہیں ملا۔ معلوم ہوا کہ اخبارات جدّہ آتے ہیں اور کئی دنوں کے بعد مکہ معظمہ پہنچتے ہیں نتیجہ یہ ہوتا ہے کہ خبریں باسی ہو جاتی ہیں۔ کئی روز سے وطن میں متحدہ محاذ کی حکومت ڈانواڈول ہونے کی خبریں مل رہی تھیں۔ کانگریس نے اپنی حمایت واپس لے لی تھی اور وزیر اعظم دیوگوڑا کو استعفیٰ دینے کے لئے زور دے رہی تھی۔ خبریں جاننے کے لئے اخبار کی تلاش ہوئی۔ ہندوستانی کوئی اخبار تو نہ ملا۔ اردو نیوز پر نظر پڑی۔ یہ روزنامہ جدّہ سے شائع ہوتا ہے۔ آٹھ صفحات پر آفسیٹ میں چھپتا ہے قیمت دو ریال (بیس ہندوستانی روپے) ہے۔ اس میں عرب ممالک کی خبریں تو رہتی ہی ہیں پاکستان کی خبروں کا بھی خاصا حصّہ رہتا ہے۔ کچھ خبریں ہندوستان کی بھی ہوتی ہیں۔ پاکستانی اخبارات بھی روزانہ آتے ہیں اور یہاں تین ریال (تیس ہندوستانی روپے) میں فروخت ہوتے۔ عربی اخبارات کے علاوہ "عرب نیوز" اور "ریاض ٹائمز" وغیرہ انگریزی اخبارات بھی اسٹال پر نظر آئے۔

خُطبہ جمعہ : ۴ اپریل ۱۹۹۷ء مطابق ۲۶ ذی قعدہ ۱۴۱۷ھ جمعہ کا دن تھا۔ اس لئے سویرے ہی غسل کیا اور دس بجے حرم روانہ ہو گئے۔ اب روز بروز حجاج کرام کی آمد میں اضافہ ہو رہا تھا اور مکہ شریف میں بھیڑ بڑھتی جا رہی تھی۔ دس بجے سے لوگ چاروں طرف سے جوق در جوق حرم شریف پہنچ رہے تھے تاکہ جگہ مل سکے۔ مسجد حرام کے صحن کے علاوہ چاروں طرف سڑکوں پر بھی صفیں لگ جاتی تھیں اس طرف سے گاڑیوں کی آمد و رفت نہیں ہوتی۔ نماز کے اوقات میں خرید و فروخت بھی بند ہو جاتی ہے۔ بارہ بج کر چوبیس منٹ (سعودی حکومت) پر جمعہ کی اذان ہوئی اور خطبہ شروع ہوا۔ مسجد حرام کے امام و خطیب شیخ سعود الشریم نے نہایت موثر انداز میں قرآن و حدیث

کے اقتباسات پر مشتمل خطبہ شروع کیا اور وضاحت کی کہ اسلام اور جاہلیت ایک دوسرے کی ضد ہیں۔ دونوں ایک دوسرے کے ساتھ جمع نہیں ہو سکتے۔ غیر اسلامی کردار و گفتار، رسم و رواج اور رہن سہن سے ہمارے نبی صلی اللہ علیہ وسلم نے منع کیا ہے اور مناسک حج کو دورِ جاہلیت کی رسومات سے پاک کیا ہے۔ انہوں نے کہا کہ اسلام خیر و فلاح کا مذہب ہے اس میں ہر برائی سے روکا گیا ہے اور ہر اچھائی کا حکم دیا گیا ہے۔

کھانے کے لئے قطار :

نماز کے بعد واپسی میں اتنی بھیڑ ہوئی کہ راستہ چلنا دوبھر ہو گیا۔ حدِ نظر تک سر ہی سر نظر آ رہے تھے۔ کھانا کھانے کے لئے مدینہ ہوٹل سے پہنچے تو وہاں ایک جمِ غفیر تھا۔ لوگ قطاروں میں کھڑے تھے اور ہوٹل میں تل رکھنے کو جگہ نہیں تھی۔ ہوٹل میں بیٹھ کر کھانے والوں کے علاوہ کھانا گھر لے جانے والوں کی بھی قطار لگی تھی اور اُس میں بھی جلد باری نہیں آتی تھی۔ ہم نے بھی قطار میں کھڑے ہو کر کھانا لیا اور قیام گاہ پر آکر کھایا۔ مسجد حرام سے نکل کر مسفلہ جانے والی سڑک پر فلائی اوور کے پاس ایک جانب مدینہ ہوٹل اور دوسری جانب مکہ ہوٹل ہیں۔ یہ دونوں پاکستانی ہوٹل بڑے تو نہیں لیکن کھانا غنیمت ملتا ہے اور اسی لئے یہاں برصغیر کے حاجیوں کی بھیڑ رہتی ہے۔ قریب ہی "دلّی دربار ہوٹل" بھی ہے۔ یہ زیادہ صاف ستھرا ہوٹل ہے لیکن کھانوں کی قیمت قدرے زیادہ ہے۔ اس زمانے میں کم و بیش سارے ہوٹلوں کا یہی رہنا ہے۔ حالانکہ مستقل ہوٹلوں کے علاوہ موسمی ہوٹل بھی کثیر تعداد میں کھل جاتے ہیں ممکن ہے ان ہوٹلوں میں جو مسجد حرام سے کافی فاصلے پر ہیں یہ صورت حال نہ ہو مگر ان ہوٹلوں میں جانے کا اتفاق نہیں ہوا اس لئے حتمی طور سے کچھ کہنا مشکل ہے۔

شوپر مارکیٹ :

مسجد حرام کے سامنے جنوب مغرب کی طرف وسیع رقبہ پر پھیلی ہوئی ایک عالی شان اور خوبصورت پانچ منزلہ عمارت ہے۔ یہ بن داؤد شوپر مارکیٹ

ہے جہاں ہر منزل پر سجی سجائی اور مالوں سے بھری دکانیں دعوت نظارہ دیتی ہیں۔ اُن میں دنیا بھر کی مصنوعات کی ریل پیل ہے۔ ہر وقت خریداروں کی بھیڑ لگی رہتی ہے۔ کاؤنٹر پر یونیفارم میں ملبوس سیلز مین خریداروں کی پذیرائی نہایت شائستگی سے کرتے ہیں کچھ تو روایتی عربی لباس میں نظر آئے اور زیادہ تر مغربی لباس پینٹ شرٹ یا کوٹ پہنے دکھائی دیئے۔ بیشتر اشیا کی قیمتیں لکھی ہوتی ہیں۔ حُسن افزا اشیا (Cosmetics) کے اسٹال پر عورتیں خریداری میں مشغول نظر آتی تھیں۔ عطریات، سونے، جواہرات، پارچہ جات اور گھڑیوں وغیرہ کی دکانیں خریداروں سے بھری رہتی تھیں باٹا کی دکان بھی وہاں نظر آئی جہاں اکسپورٹ کوالیٹی کے جوتے فروخت ہو رہے تھے۔ کتابوں، جریدوں اور کیسیٹ کی دکانیں بھی خریداروں سے بھری رہتی تھیں۔ اس بازار کو دیکھ کر کسی ترقی یافتہ ملک کے بازار کا دھوکہ ہوتا ہے۔ چوتھی منزل پر ایک بہت کشادہ ہال کا استعمال مسجد کے طور پر ہوتا ہے جو مردوں کے لئے مخصوص ہے۔ سارے ہال میں دبیز قالین کا فرش ہے اور قرآن مجید کی جلدیں بھی جابجا رکھی ہوئی ہیں۔ آواز کا نظام براہ راست مسجد حرام سے ہے اور وہیں کے امام کے اقتدا میں یہاں باجماعت نماز ہوتی ہے۔ اسی طرح پانچویں منزل پر عورتوں کی نماز کا انتظام ہے۔ حج کے موسم میں جب بھیڑ رہتی ہے تو نمازیوں کی خاصی تعداد یہاں بھی جمع ہوجاتی ہے اور جگہ تنگ ہونے لگتی ہے۔ اُوپر جانے کے لئے سیڑھیوں کے علاوہ خود کار زینے (Escalators) اور لفٹ بھی کثیر تعداد میں ہیں جن کی وجہ سے آمد و رفت میں بڑی سہولت ہے! اس طرح کے اور بھی سُوپر مارکیٹ ہیں۔ جہاں بڑے پیمانے پر خرید و فروخت ہوتی ہے اور ضرورت کی زیادہ تر چیزیں ایک ہی جگہ دستیاب ہوجاتی ہیں۔ یہ حجاج کرام کے لئے ایک طرح کا امتحان بھی ہے۔ حرم کے اردگرد متعدد تین ستارہ ہوٹل بھی ہیں۔ ان ہوٹلوں میں بھی حجاج کرام کا قیام رہتا ہے اور حج کے زمانے میں یہاں بھی آسانی سے جگہ نہیں ملتی ہے۔

مسجد حرام کی چھت پر: حاجیوں کی تعداد میں ہر سال اضافہ ہوتا جا رہا ہے اس کے پیش نظر مسجد حرام میں وسعت کا کام بھی برابر چل رہا ہے۔ ان دنوں

زیرِ زمین بھی نماز کی جگہیں بن گئی ہیں اور چھت پر بھی نمازیں ہوتی ہیں ! اس کے باوجود نمازیوں کی صفیں مسجد حرام کے سامنے سڑکوں پر دور تک پھیل جاتی ہیں اور راستہ چلنا دشوار ہوجاتا ہے۔ مسجد حرام کے نیچے اور اوپر جانے کے لئے سیڑھیوں کے علاوہ خود کار زینے (Escalator) بھی لگے ہیں جو ہر وقت چلتے رہتے ہیں۔ ایک دن مغرب کی نماز کے بعد حرم شریف کی چھت پر جانے کا اتفاق ہوا۔ پوری چھت مردوں اور عورتوں سے بھری تھی جو نماز اور تلاوت اور ذکر و اذکار میں مصروف تھیں۔ کچھ لوگ طواف بھی کر رہے تھے۔ یہاں سے نیچے دیکھنے میں خانۂ کعبہ کے گرد طواف کا منظر بہت پُرکشش تھا۔ دنیا کے مختلف ملکوں کے لوگ اپنے اپنے رنگا رنگ ملکی لباسوں میں طواف کر رہے تھے اور اُخوت و ہم آہنگی کا عجیب منظر پیش کر رہے تھے۔

ایک اجنبی :

وہاں چھت پر ایک صاحب نے بڑھ کر سلام کیا۔ وہاں کے لئے یہ کوئی غیر معمولی بات نہیں اکثر اجنبی ایک دوسرے کو سلام کر کے مصافحہ کرتے ہیں۔ اس سے اسلامی اُخوت کا اظہار ہوتا ہے۔ میں نے بھی گرم جوشی سے سلام کا جواب دیا! انہوں نے اپنا تعارف ہندوستانی کی حیثیت سے کرایا اور وطن مراد آباد بتایا ہم لوگ ایک جگہ بیٹھ کر باتیں کرنے لگے۔ انہوں نے وضاحت کی کہ ہیں تو وہ ہندوستانی لیکن تینتیس پینتیس ۲۵ سال سے ایران میں مقیم ہیں اور وہیں سے حج کرنے آئے ہیں۔ پیشے کے لحاظ سے انجینئر ہیں۔ گفتگو سے اندازہ ہوا کہ اُن پر امام خمینی کے اسلامی انقلاب کا گہرا اثر ہے اور وہ چاہتے ہیں کہ حج کے اس موقع کو اسلامی اجتماع کے طور پر استعمال کیا جائے۔ عالم اسلام کو درپیش مسائل پر دل کھول کر تبادلۂ خیال کیا جائے۔ اور امریکہ، اسرائیل اور ان کے حلیفوں کی کھل کر مذمّت کی جائے۔ انہوں نے یہاں واقع "بعثتہ رہبری" ایران میں شرکت کی دعوت بھی دی۔ حرم میں حاضری، نماز، تلاوت اور طواف کے بعد وقت کہاں ملتا تھا کہ ان اجتماعات میں اس موقع پر شرکت کی جاتی۔

دیارِ حرم میں (حج سفر نامہ) علقمہ شبلی

۶۳

تسنیم سے ملاقات :

ایک دن صبیحہ مسجد حرام میں عشاء کی نماز کے لئے صف میں کھڑی ہو رہی تھیں کہ ایک خاتون نظر آئیں جنہیں جگہ نہیں مل رہی تھی اور ادھر اُدھر پریشان ہو رہی تھیں۔ صبیحہ نے انہیں کسی طرح اپنے پاس کھڑا کر لیا۔ نماز کے بعد جو گفتگو ہونے لگی تو پتہ چلا کہ ظفر اوگانوی مرحوم کی بھانجی تسنیم تھیں اور شوہر کے ساتھ پاکستان سے حج کرنے آئی تھیں۔ اُن کی والدہ اور ظفر اوگانوی کی بڑی بہن زکیہ کراچی میں بال بچوں کے ساتھ رہتی ہیں۔ اُن کے شوہر مسعود صاحب کا مکان اکھدی تھا۔ حیدر آباد سندھ میں ملازمت کرتے ہیں۔ اس کے بعد ان سے برابر ملاقاتیں ہوتی رہیں۔ شوہر اور بیوی دونوں خلیق اور حلیم الطبع ہیں۔ تسنیم کہنے لگیں اپنے ماموں اور ممانی سے تو ایک آدھ بار ہی ملاقات ہوئی ہے۔ اللہ تعالیٰ نے اتفاقاً آپ دونوں سے ملا دیا۔ آپ دونوں میرے ماموں اور ممانی ہیں۔ اُن کے خلوص اور محبت نے بہت متاثر کیا۔ مسجد حرام میں ان سے برابر ملاقاتیں ہوتی رہیں۔ ایک بار قیام گاہ پر بھی آئے۔ اور حج کے بعد ایک دن ہم سب مکہ ہوٹل میں "دعوت شیراز" سے بھی لطف اندوز ہوئے۔

غسلِ کعبہ :

یکم ذی الحجہ ۱۴۱۷ھ مطابق ۸ راپریل ۱۹۹۷ء منگل کی صبح کو خانہ کعبہ کو آب زم زم، عرق گلاب اور دوسری خوشبویات سے غسل دیا گیا۔ خادم حرمین شریفین شاہ فہد بن عبدالعزیز کی نیابت کرتے ہوئے مکّہ مکرمہ ریجن کے گورنر شہزادہ ماجد بن عبدالعزیز نے یہ فرض ادا کیا۔ اس بابرکت تقریب میں سعودی حکومت کے متعدد وزراء، حرمین شریفین کے انتظامیہ کے اراکین، بیت اللہ شریف کے متولیان، اسلامی تنظیموں کے نمائندے، سفیر ہندوستان حامد الانصاری اور اسلامی ممالک کے سفراء نے شرکت کی۔ اس غسل میں منوں آب زم زم اور عرق گلاب کا استعمال ہوا۔ گورنر مکہ نے غسلِ کعبہ کے بعد دعا کی کہ اللہ تعالیٰ مسلمانوں کے تیسرے مقدس شہر بیت المقدس کو یہودیوں سے آزاد کرا دے اور فلسطینیوں پر جو مظالم ہو رہے ہیں اُن کا خاتمہ ہو۔

مدرسہ صولتیہ :

مدرسہ صولتیہ کا ذکر کلکتہ میں سُن چکا تھا۔ اس لئے اسے دیکھنے کا اشتیاق تھا ایک دن عصر کی نماز کے بعد وسیم سلمہٗ کے ساتھ وہاں پہنچا۔ مدرسہ مسجد حرام سے زیادہ دُور نہیں۔ حرم شریف سے پچھم کی طرف ٹیکسی اسٹینڈ سے ذرا آگے ایک گلی میں مڑتے ہی مدرسہ صولتیہ کا بورڈ نظر آیا۔ مدرسہ کی عمارت کئی منزلہ ہے نیچے کی منزل میں دو عالم دین تشریف فرما تھے اور لوگوں کی ایک بھیڑ انہیں گھیرے تھی۔ لوگ مختلف مذہبی سوالات کر رہے تھے اور علماء نہایت ہی نرمی سے سلجھے ہوئے انداز میں ان کے جوابات دے رہے تھے۔ میں نے بھی اپنے کچھ استفسارات پیش کئے۔ جن کے تشفی بخش جوابات ملے۔ مغرب کا وقت ہو رہا تھا اس لئے زیادہ دیر رکنا ممکن نہیں تھا۔ یہاں لوگ حفاظت کے لئے اپنی رقمیں بھی بطور امانت رکھتے ہیں اور ضرورت کے مطابق واپس لیتے ہیں۔

مجاہد آزادی مولانا رحمتُ اللہ کیرانوی مرحوم مقیم مکہ معظمہ کے مشورے اور پھر پھرا شریف ضلع ہگلی (مغربی بنگال) کی ایک مخیر و محترم خاتون صولت النساء بیگم مرحومہ کی مالی امداد سے ۱۲۹۱ھ میں اس مدرسے کی عمارت تعمیر ہوئی تھی اور کئی سال کے بعد دارالاقامہ میر ماجد حسین مرحوم ساکن پٹنہ (بہار) نے تعمیر کروایا تھا۔ مدرسہ سے متصل ایک مسجد بھی ہے جو ۱۳۰۱ھ میں تعمیر ہوئی۔ حج کے زمانے میں مدرسہ بند ہو جاتا ہے اور یہاں حجاج کرام قیام کرتے ہیں۔ اس سال بھی کلکتہ کے حجاج کرام کا قیام یہاں ہے۔ معلوم ہوا کہ حاجی صاحبان کی تعداد زیادہ ہے اور جگہ کی تنگی ہے اس وجہ سے تکلیف ہے۔ یہاں سب سے بڑی سہولت یہ ہے کہ منتظمین اور مقیمین سب ہم زبان ہیں۔ اس لئے اجنبیت کا احساس نہیں ہوتا۔

قربانی کا کوپن :

جو لوگ حج تمتع کرتے ہیں یعنی عمرہ کر کے احرام کھول دیتے ہیں اور حج کے لئے پھر دوبارہ احرام باندھتے ہیں، اُن کے لئے رمی جمار کے بعد منیٰ

میں قربانی واجب ہے۔ یہ قربانی حضرت ابراہیم خلیل اللہؑ کی اس عظیم قربانی کی یادگار ہے جب انہوں نے اپنے بیٹے حضرت اسمٰعیلؑ ذبیح اللہ کو اللہ کی راہ میں پیش کیا تھا حجاج کرام منیٰ کی قربان گاہ میں جاکر قربانی کرسکتے ہیں۔ آج کل حجاج کی سہولت کے لئے سعودی حکومت کی طرف سے قربانی کا کوپن جاری ہوتا ہے جسے اسلامی ترقیاتی بینک سے ریال جمع کرکے حاصل کیا جاسکتا ہے۔ قربانی کا گوشت مکہ کے فقراء میں تقسیم کرنے کے علاوہ ڈبوں میں بند کرکے مختلف اسلامی ملکوں میں مفت تقسیم کرنے کے لئے ارسال کیا جاتا ہے۔ اس سال فی ذبیحہ ٣٦٥ ریال قیمت مقرر ہوئی تھی لیکن ایک دشواری یہ تھی کہ اس میں قربانی کا وقت درج نہیں ہوتا اور احناف کے نزدیک حلق یا قصر قربانی کے بعد ہی کرانا چاہیئے۔ اس لئے ہم نے مدرسہ صولتیہ میں ٣٠٠ ریال فی ذبیحہ جمع کرکے کوپن لے لئے۔ وہاں بھی قربانی کا انتظام ہوتا ہے۔ ١١ ذی الحجہ کی صبح کو حلق یا قصر کرانے کو کہا گیا اس سے پہلے قربانی ہو جائے گی۔

ایک اجنبی نوجوان :

ایک روز صبیحہ اور میں رات کے وقت کھانے کے لئے مدینہ ہوٹل پہنچے حسب معمول سارے ٹیبل پر حجاج کرام بیٹھے تھے۔ ایک گوشے میں ایک ٹیبل تھا جس پر احرام باندھے ہوئے ایک نوجوان کھانے میں مشغول تھے اور دو نشستیں خالی تھیں ہمیں کھڑے دیکھ کر انہوں نے بیٹھنے کی دعوت دی۔ بیٹھ کر ہم نے ویٹر کو کھانے کا آرڈر دیا اور وہ لانے کے لئے چلا گیا۔ اس دوران اجنبی نوجوان نے ہمیں بھی اپنے کھانے میں شریک ہونے کی دعوت دی۔ پہلے تو کچھ تامل ہوا لیکن جب اصرار بڑھا اور صبیحہ نے بھی شریک ہو جانے کے لئے کہا تو میں نے روٹی کا ایک لقمہ سالن کے ساتھ لیا۔ وہ بہت خوش ہوئے اور شکریہ ادا کرتے ہوئے کہنے لگے "آپ کی ہم طعامی ہمارے لئے خوش قسمتی کا باعث ہو سکتی ہے۔" ہم اُن کی اس اُدا سے بہت متاثر ہوئے۔ یہ نوجوان پاکستانی تھے اور کسی کالج میں درس دیا کرتے تھے۔ سرخ و سفید چہرے پر سیاہ داڑھی بہت خوش نما معلوم ہو رہی تھی۔ بہت نفیس اردو بول رہے تھے۔ اس طرح کے مشاہدات قلب و روح کے لئے راحت افزا ہوتے ہیں۔

مسجد حرام میں ایک اور جمعہ :

۴ ذی الحجہ ۱۴۱۷ھ مطابق

۱۱ اپریل ۱۹۹۷ء جمعہ کے دن صبح سویرے ساڑھے تین بجے ہی معلّم کے آدمی نے دروازے پر دستک دی اور منیٰ اور عرفات کے کارڈ دیئے جس پر خیموں کے نمبر اور محلِ وقوع درج تھے۔ ساتھ ہی یہ بھی بتایا کہ ۷ ذی الحجہ کو عشاء کی نماز کے بعد منیٰ روانہ ہونا ہے۔ بس مکتب کے سامنے سے روانہ ہوگی وہیں سب لوگوں کو پہنچنا ہے اگر بس قیام گاہ کے پاس آجاتی تو زیادہ سہولت ہوتی۔ بس پر سوار ہونے کے لئے سامان لے کر اتنی دور جانا ہر شخص کے بس کی بات نہیں مگر کون سنتا ہے فغانِ درویش؟۔

فجر کی نماز کے لئے تقریباً سوا چار بجے حرم پہنچا! اس وقت تک ساری جگہیں پُر ہوگئی تھیں۔ تل رکھنے کو جگہ نظر نہیں آرہی تھی۔ لوگ جگہ کے لئے اِدھر اُدھر بھٹک رہے تھے۔ بڑی مشکلوں سے پہلی منزل پر جگہ مل سکی۔

جمعہ کی وجہ سے آج لوگ نو بجے ہی سے حرم کی طرف روانہ ہو رہے تھے کارواں در کارواں حجاج کرام نگاہیں نیچی کئے حرم کی طرف چلے جا رہے تھے۔ میں بھی صبیحہ کے ساتھ دس بجے قیام گاہ سے روانہ ہوا۔ آدمیوں کا ایک سیلاب تھا جو آگے بڑھ رہا تھا۔ قدم آگے بڑھانا مشکل تھا۔ دشواری کے ساتھ کسی طرح آہستہ آہستہ حرم پہنچے۔ جہاں ہر طرف آدمی ہی آدمی نظر آرہے تھے۔ صبیحہ کو تو نیچے ہی چھوڑا جہاں خواتین پردے کی پرے بیٹھی تھیں۔ اس نے بڑی مشکل سے وہاں جگہ بنائی۔ میں نے پہلی منزل کا رُخ کیا وہاں بھی بڑی دقت سے جگہ مل سکی۔ بیس لاکھ سے زیادہ فرزندانِ توحید نے مسجد حرام میں شاہراہوں پر، بازاروں اور گلیوں میں نماز جمعہ ادا کی۔ لاؤڈ اسپیکر کا انتظام اتنا عمدہ اور قابلِ تعریف تھا کہ آواز ہر جگہ یکساں پہنچتی رہی اور امام صاحب کی قرأت اور خطبہ سارے لوگ بہ آسانی سنتے رہے۔

مسجد حرام کے امام و خطیب شیخ عبدالرحمٰن السدیس نے مسجد اقصیٰ، فلسطین و کشمیر اور دیگر مقبوضہ علاقوں کو غاصب طاقتوں سے آزاد کرانے کے لئے مسلمانانِ عالم

کو حرکت میں آجانے کی تلقین کی۔

انہوں نے واضح کیا کہ مقامات حج پر حج کا واحد نعرہ لَبَّيْكَ اَللّٰهُمَّ لَبَّيْكَ کا ترانۂ توحید ہے۔ اس کے علاوہ کوئی بھی نعرہ بلند کرنے یا ترانہ پڑھنے کی شرعاً اجازت نہیں! انہوں نے مزید فرمایا کہ حج اخلاق فاضلہ اور خصائل حمیدہ کی تعلیم و تربیت کی بہترین درس گاہ ہے۔ اس دوران صبر و تحمل، اخوت، محبت، اتفاق و اتحاد اور باہمی تعاون و اشتراک کا مظاہرہ کیا جائے اور رسول اکرم صلی اللہ علیہ وسلم کے اسوۂ حسنہ کے مطابق حج ادا کیا جائے۔ خانۂ کعبہ اور اس ارض پاک کے تقدس کا پورا پورا خیال رکھا جائے۔ کفر و شرک اور دوسروں کو اذیت پہنچانے سے پرہیز کیا جائے۔ خطبہ بہت پُر اثر اور دل کو چھو لینے والا تھا۔ خبر ملی کہ مسجد نبوی شریف میں دس لاکھ مسلمانوں نے نماز جمعہ ادا کی۔ مسجد نبوی کے امام و خطیب نے امت مسلمہ کے علماء اور دانشوروں سے پر زور اپیل کی کہ وہ مسلمانوں کے فکر و عمل کا معیار بلند کریں اور عازمین حج اخلاص کے ساتھ رضائے الٰہی کی طلب میں لگ جائیں۔

فیضان صاحب شفا خانے میں:

فیضان صاحب کی طبیعت نسبتاً کچھ میں اچھی تھی لیکن پھر بھی کبھی کبھی بخار آجاتا تھا اور کمزوری بھی محسوس ہوتی تھی۔ اس لئے وہ ایک دن ہندوستانی سفارت خانے کے شفاخانے گئے۔ وہاں کے انچارج ڈاکٹر آرزو قریشی نے اُن کی ساری رپورٹیں دیکھیں اور انہیں شفاخانے میں داخل کر لیا۔ وہاں انہیں انجکشن لگایا گیا اور سلائن بھی چڑھتا رہا۔ شام کے پانچ بجے انہیں قیام گاہ آنے کی اجازت ملی۔ سلائن کی وجہ سے کچھ توانائی آگئی اور نقاہت میں کمی محسوس ہو رہی تھی۔ مکہ میں یہ شفاخانہ حج کے موقع پر پوری طرح سرگرم رہتا ہے مرد ڈاکٹروں کے علاوہ مستورات کے علاج کے لئے لیڈی ڈاکٹر بھی رہتی ہیں۔ شفاخانہ سے دوائیں مفت ملتی ہیں! اپنی علالت کے باوجود فیضان صاحب حرم شریف میں پابندی

سے حاضری دیتے رہے اور دوسرے معمولات بھی ادا کرتے رہے۔

صنوبر کی شادی :

مکّہ معظمہ میں (اور مدینہ منوّرہ میں بھی) فون کرنے کی بہت سہولت ہے۔ قدم قدم پر فون کے بوتھ موجود ہیں۔ جن میں ایک سے زیادہ فون کے کیبن ہوا کرتے ہیں۔ بعض بوتھوں میں تو پندرہ پندرہ بیس بیس کیبن ہیں۔ سعودی وقت کے مطابق بارہ بجے رات سے چھ بجے صبح تک فون کے چارج میں چالیس فی صد رعایت ملتی ہے۔ اس لئے ہم عموماً چار بجے اور چھ بجے صبح کے درمیان کلکتہ فون کیا کرتے تھے۔ ۴ اپریل کو کلکتہ فون کیا تو برادرم ابوذر ملی سے باتیں ہوئیں وہ صنوبر سلمہا کی شادی میں شرکت کے لئے الہ آباد سے کلکتہ پہنچے تھے صنوبر برادرم ابونصر غزالی کی سب سے چھوٹی بیٹی ہے۔ اس کی شادی کی تاریخ ۵ اپریل طے ہو چکی تھی۔ برادرم غزالی کو ذرا تامّل تھا کیوں کہ میری شرکت ممکن نہیں تھی لیکن میں نے اصرار کیا کہ جو تاریخ مقرر ہو چکی ہے اس میں تبدیلی کی ضرورت نہیں۔ ہم لوگ ایک فرض ادا کرنے جا رہے ہیں اور یہ بھی ایک فریضہ ہے جس کی ادائیگی میں تاخیر مناسب نہیں ۵ اپریل کو مکّہ معظمہ میں شادی کا خیال آتا رہا اور نئے جوڑے کی کامیاب ازدواجی زندگی کی دعا دل سے نکلتی رہی۔

ڈاک خانہ :

جب تک دیار حرم میں رہے فون کی سہولت کی وجہ سے خط و کتابت کی ضرورت محسوس نہیں ہوئی۔ اسی وجہ سے ڈاک خانہ بھی جانا نہیں پڑا۔ جدّہ ایک ضروری خط بھیجنا تھا اس لئے ڈاک خانے کی تلاش ہوئی۔ معلوم ہوا کہ قریب ترین ڈاک خانہ ہماری قیام گاہ سے پچھم کی طرف مسفلہ ہی میں مکتب نمبر ۶۰ کے سامنے واقع ہے۔ ڈاک خانے پہنچا تو وہاں کافی ہندوستانی اور پاکستانی حجاج نظر آئے جو خطوط چھوڑنے آئے تھے۔ ڈاک خانے کے نام پر ایک چھوٹا سا ہال تھا۔ جہاں کاؤنٹر پر ایک آدمی بیٹھا نظر آیا جو باری باری ہر ایک کا خط لے کر مہر لگاتا تھا اور

رکھ لیتا تھا۔ رجسٹری خطوط کی رسیدیں بھی دیتا تھا۔ جدّہ کے لئے مجھے ایک ریال دینا پڑا۔

حاجیوں کی بڑھتی ہوئی تعداد :

جیسے جیسے حج کا وقت قریب آتا جا رہا تھا مکۃ المعظمہ میں بھیڑ بڑھتی جا رہی تھی۔ بسوں اور ٹیکسیوں سے حجاج کرام کارواں در کارواں چلے آ رہے تھے جس طرف نگاہ اٹھتی آدمی ہی آدمی نظر آتے تھے اب تو راستوں میں بھی لوگ دونوں طرف سوئے پڑے رہتے تھے، راستہ چلنا دشوار تھا۔ دنیا کا کون سا ملک تھا جہاں سے فرزندانِ اسلام نہیں پہنچ رہے تھے! افریقہ کے مختلف ملکوں سے حاجیوں کی کثیر تعداد آئی تھی جو اپنے رنگ شکل و شباہت اور ڈیل ڈول کی وجہ سے بہ آسانی پہچان لئے جاتے تھے۔ انڈونیشیا کے حاجیوں کا تناسب سب سے زیادہ تھا۔ تقریباً دو لاکھ مرد و عورت وہاں سے حج کرنے آئے تھے اور ان میں مشکل ہی سے کوئی سن رسیدہ نظر آیا۔ سارے حضرات و خواتین جوان اور چاق و چوبند دکھائی پڑے۔ پاکستان سے آئے ہوئے حاجیوں کی تعداد سوا لاکھ کے قریب تھی ہندوستان سے بیاسی ہزار (۸۲,۰۰۰) حجاج کے آنے کی خبر تھی۔ چھپن ہزار (۵۶,۰۰۰) تو حج کمیٹی کے ذریعہ پہنچے اور چھبیس ہزار (۲۶,۰۰۰) پرائیوٹ ایجنسیوں کے ذریعہ آئے تھے۔ ترکی سے بھی مردوں اور عورتوں کی خاصی تعداد حج کے لئے پہنچی تھی۔ مخصوص لباس کی وجہ سے اُن کی شناخت آسان تھی۔ چین سے بھی کچھ حجاج آئے تھے۔ عراق کے حاجیوں کو خصوصی اجازت نامہ ملا تھا۔ ایران کے حاجیوں کی تعداد بھی کم نہیں تھی۔ یورپ، امریکہ روس ہر جگہ سے حاجی صاحبان پہنچ رہے تھے۔ اندازہ ہے کہ اس سال پچیس لاکھ سے زیادہ حاجیوں کا اجتماع ہوا۔ سعودی حکومت اس عظیم الشان اور بے مثال عالمی اجتماع کے انتظامات میں سال بھر لگی رہتی ہے لیکن ان انتظامات کی کامیابی اسی وقت ممکن ہے جب دنیا کا ہر ملک سعودی حکومت کی طرف دستِ تعاون بڑھائے۔ ہر ملک کو حج کے لئے جو کوٹا مقرر ہوتا ہے اس کی مکمل پابندی ہونی چاہیئے۔ عازمین حج کی تربیت کا بھی انتظام کیا جائے۔

آغازِ حج

۷ ذی الحجہ (۱۴ اپریل) کو گرمی نسبتاً زیادہ تھی۔ تیز گرم ہوائیں چل رہی تھیں۔ دن گزار کر رات کو منیٰ روانہ ہونا تھا۔ ہم نے دن ہی کو سامان درست کر لیا تھا۔ سارے سامان کو تو ساتھ لے جانا نہیں تھا۔ ایک جوڑ اکپڑا تکیہ اور دو چادریں ہیں، گلوکوز کا ڈبہ رکھا، مصلّٰی اور ضروری کاغذات لئے تاکہ بوجھ زیادہ نہ ہو۔ کیوں کہ سامان خود ہی اٹھانا تھا۔ قلیوں کے ملنے کا کوئی سوال ہی نہیں تھا۔

منیٰ کو روانگی:

ہم نے عشاء کی نماز مسجد حرام میں ادا کی اور طواف بھی کیا۔ واپس آکر کھانا کھایا پھر وضو کر کے احرام باندھا اور دو رکعت نمازِ احرام ادا کر کے حج کی نیت کی۔ تقریباً گیارہ بجے رات کو سامان کے ساتھ بس پر سوار ہونے کے لئے قیام گاہ سے نکلے۔ بس معلم کے دفتر مکتب نمبر ۶۰ کے سامنے لگی تھی۔ وہاں بھی جانا کچھ آسان کام نہیں تھا۔ سارے راستوں میں بسوں اور ٹیکسیوں کا تانتا بندھا تھا جو حاجیوں کو منیٰ لے جا رہی تھیں۔ حاجیوں کی بھاگ دوڑ کی وجہ سے بھی راستہ چلنا دشوار تھا۔ صبیحہ تو روشن اور نظام الدین صاحب کے ساتھ آگے نکل گئیں اور میں فیضان صاحب

کے ساتھ پیچھے رہا۔ جب بس کے پاس پہنچے تو منیٰ جانے والوں کا ایسا ہجوم تھا کہ کسی کو تلاش کرنا کوئی آسان کام نہیں تھا۔ اطمینان یہ تھا کہ صبیحہ تنہا نہیں تھیں۔ کچھ دیر بعد یہ لوگ نظر آئے، اب بس کا پتہ نہیں تھا۔ تھوڑی دیر انتظار کے بعد جب بس آئی تو سوار ہونے کے لئے وہ دھکم پیل ہوئی کہ ہم جیسوں کا سوار ہونا ممکن ہی نہیں تھا معلم نے بسوں کا صحیح انتظام نہیں کیا تھا اور سوار ہونے میں بھی کسی طرح کی ترتیب نہیں تھی اور اس پر طرہ یہ کہ معلم کا کوئی آدمی بھی رہنمائی کرنے والا نہیں تھا جس کو جس بس پر جگہ ملی، سوار ہو گیا۔ اگر حاجیوں کو اس بس کا نمبر دے دیا جائے جس میں سوار ہونا ہے تو افراتفری نہ ہو جیسا کہ مکہ معظمہ سے جدہ واپس ہوتے وقت ہر حاجی کو اپنے بس کا نمبر معلوم تھا۔ اس لئے پریشانی نہیں ہوئی۔ کئی بسیں آئیں اور حاجیوں کو لے کر روانہ ہو گئیں۔ ہم لوگوں کو دھکے کھا کر سوار ہونا ممکن نہیں ہوا۔ آخر ایک بجے کے قریب ایک بس آئی اور بڑی مشکلوں سے اس میں سوار ہو سکے۔ بس اسٹینڈ پر اتفاق سے طارق سلمہٗ سے ملاقات ہو گئی۔ یہ بھی اپنی والدہ کے ساتھ حج کو گئے تھے۔ ہم لوگوں کی پریشانی دیکھ کر انہوں نے بس میں سوار ہونے میں مدد کی۔ ورنہ اور بھی تاخیر ہوتی۔ مکہ سے منیٰ کی مسافت چار کلومیٹر کے قریب ہے۔ ہماری بس لبیک کی آواز کے ساتھ آگے بڑھی تو ایسا معلوم ہوا کہ بسوں اور ٹیکسیوں کے کارواں کے کارواں آگے پیچھے ہیں۔ جس کی وجہ سے بس کی رفتار بہت دھیمی رہی۔ ہم لوگ تقریباً دو بجے رات کو منیٰ پہنچے۔

منیٰ :

پہلے منیٰ چاروں طرف پہاڑیوں سے گھرا ایک غیر آباد علاقہ تھا جو صرف حج کے دنوں میں آباد ہوتا تھا۔ لیکن اب یہاں آبادی بہت بڑھ گئی ہے۔ پہاڑیوں کو کاٹ کر کشادہ سڑکیں بن گئی ہیں جن پر ہر وقت گاڑیوں کی ریل پیل رہتی ہے۔ موٹر ٹریفک کے لئے سرنگیں بھی تعمیر کی گئی ہیں۔ پیدل چلنے والوں کے لئے الگ کشادہ راہ داری بنائی گئی ہے۔ اونچے اونچے حسین مکانات تعمیر ہو گئے ہیں۔ دکانیں، ریستوران اور شاندار ہوٹل بھی کھل گئے ہیں جہاں کھانے پینے کے علاوہ ضرورت کی دوسری چیزیں بھی ملتی ہیں

حج کے دنوں میں یہاں خیموں کا شہر آباد ہو جاتا ہے جدھر نظر اٹھائیں خیمہ ہی خیمہ نظر آتا ہے یہ خیمے ہر معلّم اپنے مقررہ پلاٹوں پر لگاتے ہیں اور ٹین کی چادروں سے گھیر دیتے ہیں آمد و رفت کے لئے پھاٹک ہوتا ہے جہاں معلّم کے مکتب کا نمبر اور نام بھی نمایاں طور پر لکھا ہوتا ہے اور جس ملک کے حاجیوں کے قیام کے لئے یہ خیمے ہوتے ہیں اس ملک کا جھنڈا بھی وہاں لہراتا ہے۔ خیموں کے درمیان واچ ٹاور بھی بنے ہیں۔ جہاں سے خیموں پر دور دور تک نگاہ رکھی جا سکے۔ ناگہانی خطرات کی صورت میں باہر نکلنے کے لئے ایمرجنسی دروازے بھی ہوتے ہیں جن کو سرخ رنگ سے نمایاں کیا جاتا ہے اور خروج (نکلنا) بھی لکھا رہتا ہے۔

ورودِ منیٰ :

ہم لوگ رات کے دو بجے کے قریب منیٰ پہنچے تھے ہم لوگوں کا مکتب نمبر ۶۰ تھا جہاں ہندوستانی جھنڈا لہرا رہا تھا اس لئے وہاں تک تو آسانی سے پہنچ گئے۔ گیٹ سے اندر جانے کے لئے خیموں کے درمیان راستے بہت تنگ تھے اور خیموں پر نمبر بھی ترتیب وار نہیں تھے۔ اس لئے ۲۸ نمبر کے خیمے کی تلاش میں کافی وقت لگا اور جب خیمہ تک پہنچے تو دیکھا کہ پہلے پہنچنے والوں نے زیادہ جگہوں پر قبضہ کر رکھا تھا اور عورت مرد سب چادر اوڑھے ہوئے پڑے تھے انہیں جگانا تو دشوار تھا۔ سامان رکھ کر کسی طرح آڑے ترچھے پڑ گئے مگر نیند کا ہے کو آتی؟ کروٹیں بدلتے بدلتے صبح ہو گئی۔

ہمارے لوگ حج کا فریضہ ادا کرنے پہنچے تھے اور شیطان کو سنگ سار کرنے کا ارادہ بھی رکھتے تھے لیکن ہمارے دلوں میں جو شیطان چھپ کر بیٹھا تھا اسے زیر کرنے کی فکر کم لوگوں کو تھی۔ خود غرضی و نخوت اور دوسروں کو ایذا رسانی تو یوں ہی نامناسب ہے۔ حج کے ایام میں تو اس سے بچنے کا خاص خیال رکھنا چاہیئے۔ کیوں کہ اگر نماز، روزہ، حج اور دوسری عبادات سے کردار سازی نہ ہو سکے اور خاکساری کا جذبہ نہ ابھرے تو پھر ایسی عبادتیں کس کام کی؟

ایامِ حج :

۸ ذی الحجہ سے ۱۲ ذی الحجہ تک پانچ دن ایامِ حج کہلاتے ہیں انہیں پانچ دنوں میں اسلام کا اہم فریضہ حج مکمل ہوتا ہے اور یہی ایام دراصل اس سفرِ حج کا حاصل ہیں۔

۱ ـــــ ۸ ذی الحجہ کو حجاج مکہ سے منیٰ پہنچتے ہیں۔ یہاں کے مناسکِ حج میں ظہر، عصر، مغرب اور عشاء کی نمازیں ادا کرنا، توبہ و استغفار اور ۹ ذی الحجہ کو فجر کی نماز ادا کرنا شامل ہیں۔

۲ ـــــ ۹ ذی الحجہ کو فجر کی نماز پڑھ کر عرفات پہنچنا ہے اور وہاں وقوف کرنا ہے۔ وقوفِ عرفات کا وقت طلوعِ آفتاب سے غروبِ آفتاب تک ہے۔ یہاں کے مناسک میں ظہر اور عصر کی نمازیں ادا کرنا، رسولِ اکرم صلی اللہ علیہ وسلم کے حضور میں کثرت سے درود و سلام بھیجنا۔ نہایت عاجزی و انکساری سے مغفرت کی دعائیں کرنا، پروردگارِ عالم کی رضا اور خوشنودی کا طلب گار ہونا اور اپنی کوتاہیوں کو دور کرنے کی التجا شامل ہیں۔ مغرب کے وقت مغرب کی نماز پڑھے بغیر مزدلفہ روانہ ہونا ہے اور وہاں پہنچ کر عشاء کے وقت مغرب اور عشاء دونوں وقت کی نمازیں ایک ساتھ ادا کرنی ہیں۔ رات کو مزدلفہ میں قیام کرنا ہے۔ یہ رات شبِ قدر سے افضل ہے اسے ذکر و اذکار، توبہ و استغفار اور شب بیداری و عبادت میں گذارنا ہے۔

۳ ـــــ ۱۰ ذی الحجہ کو مزدلفہ میں فجر کی نماز پڑھ کر منیٰ روانہ ہونا ہے یہاں پہنچ کر پہلے بڑے شیطان کو کنکریاں مارنی ہیں۔ اس کے بعد قربانی کرنی اور سر کے بال منڈوانے یا کترولنے ہیں۔ پھر احرام اُتار کر عام کپڑے پہن لینا اور مکہ معظمہ جاکر طوافِ زیارت اور سعی کرنا اور واپس آکر رات کو منیٰ میں قیام کرنا ہے۔

۴ ـــــ ۱۱ ذی الحجہ کو چھوٹے شیطان پھر درمیانے شیطان پھر بڑے شیطان کو کنکریاں مارنی ہیں۔ اگر ۱۰ ذی الحجہ کو طوافِ زیارت نہیں کیا ہے تو آج کر لینا ہے اور رات کو منیٰ ہی میں قیام کرنا ہے۔

۵ ـــــ ۱۲ رذی الحجہ کو بھی تینوں شیطانوں کو کنکریاں مارنی ہیں۔ ۱۱ر اور ۱۲ رذی الحجہ کو رمی جمار کا وقت زوال آفتاب سے غروب آفتاب تک ہے۔ رمی کے بعد مکے واپس ہونا ہے اگر طواف زیارت نہیں کیا ہے تو آج مغرب سے پہلے ضرور کر لینا ہے۔

منیٰ میں پہلی صبح :

رات نیند برائے نام آئی اور سویرے ہی بیدار ہو گئے۔ اُٹھ کر وضو خانے اور باتھ روم کی تلاش ہوئی۔ کوئی بتانے والا تو تھا نہیں، ادھر ادھر گھومتے رہے تو دیکھا کہ ہمارے خیمے کے پاس چند بیت الخلاء تھے اور وضو کے لئے نل بھی لگے تھے جہاں لوگوں کی بھیڑ قطار میں کھڑی تھی اتنے لوگوں کے لئے یہ بہت ناکافی تھے۔ کسی طرح وضو کر کے فجر کی نماز ادا کی اور پھر خیموں کے درمیان کی تنگ راہوں سے گزر کر پھاٹک تک پہنچے سارے خیمے ایک طرح کے تھے اس لئے یہ خوف بھی تھا کہ واپسی میں اپنے خیمے کی تلاش میں بھٹکنا نہ پڑے۔ احتیاطاً کچھ نشانات ذہن نشین کر لئے۔ ہمارے گیٹ کے سامنے جنوب کی جانب سڑک تھی جسے عبور کر کے پورب سے پچھم طویل اور کشادہ راہداری (TUNNEL) تھی۔ اس میں جا بہ جا باتھ روموں کا معقول انتظام تھا۔ وضو اور غسل کے لئے نل بھی لگے تھے۔ چائے خانے اور ٹھنڈے مشروب کی دکانیں بھی تھیں۔ یہ راہداری دراصل پیدل چلنے والوں کے لئے تعمیر ہوئی تھی مگر لاکھوں عازمین حج نے اس میں بھی پڑاؤ ڈال رکھا تھا جس سے نقل وحرکت میں تو دشواری ہوتی ہی تھی، ہر طرف گندگی اور کچڑا بھی نظر آتا تھا۔ اب ناشتے اور چائے کی ضرورت محسوس ہوئی۔ یہاں ہر چیز کا نرخ نسبتاً زیادہ تھا۔ چائے، جس کی قیمت مکہ معظمہ میں ایک ریال فی کپ تھی، یہاں دو ریال کو مل رہی تھی اسی طرح ٹھنڈے مشروب کی قیمت بھی فی بوتل دو ریال تھی یہی حال ناشتے اور کھانے کا بھی تھا اور اس پر کھانوں کا معیار بھی تشفی بخش نہیں تھا جو مل سکا صبر و شکر کے ساتھ کھالیا اور اپنے خیمے میں واپس آ گئے۔ واپسی میں دو ایک جگہ بھٹکے ضرور، مگر پہنچنے میں زیادہ دقت نہیں ہوئی۔

حادثۂ منیٰ :

۱۱ بجے کا عمل تھا اور ظہر کا وقت ہونے والا تھا اس لیے ہم نے سوچا کہ باہر جا کر وضو کر لیا جائے۔ نکلنے کا ارادہ ہی کر رہے تھے کہ یکایک شور ہوا خیموں میں آگ لگ گئی ہے۔ اپنے خیمے سے باہر نکل کر دیکھا تو پورب سے گاڑھے دھوئیں کے بادل اُٹھتے ہوئے نظر آئے ہر طرف سراسیمگی پھیل گئی اور لوگ خیموں کو چھوڑ کر نکلنے لگے تیز ہوائیں چل رہی تھیں جو آگ کو بہت تیزی سے پھیلا رہی تھیں اور کافی خیمے آگ کی زد میں آ رہے تھے۔ ہمارا خیمہ بھی خالی ہونے لگا اور جس کو جدھر سینگ سمایا نکل کھڑا ہوا۔ ہم لوگ کیمپ نمبر ۶۰ میں تھے جب آگ کے شعلے کیمپ نمبر ۵۹ تک پہنچ گئے تو ہم لوگوں نے بھی خیمہ چھوڑ دینے میں ہی مصلحت سمجھی صرف بہت ضروری سامانوں کا بیگ اور پانی کی بوتل ہاتھ میں لے کر نکل کھڑے ہوئے اور باقی سامان خیمے میں ہی چھوڑ دیا مین گیٹ سے تو نکلنے کا موقع ہی نہیں تھا۔ پیچھے کی طرف ٹین ہٹا کر لوگوں نے دروازہ بنا لیا تھا اسی سے باہر نکلے۔ سامنے بالو اور پتھروں کا ٹیلہ تھا جس پر قدم رکھتے ہی کبھی اندر دھنس جاتے تھے اور کبھی پھسل جاتے تھے۔ اوپر چڑھنا دشوار ہو رہا تھا صبیحہ بھی ساتھ تھیں۔ کچھ دیر کوشش کرتے رہے آخر اوپر کھڑے ہوئے ایک مہربان نے ہاتھ پکڑ کر کھینچا اور ہم اوپر آ گئے۔ اس افراتفری میں سارے ساتھی ادھر ادھر ہو گئے کسی کو دوسرے کا پتہ نہیں۔ ہم اوپر تو آ گئے لیکن آگے بڑھنا دشوار ہو رہا تھا۔ ایک تو راستہ ناہموار، دوسرے جا بہ جا رکاوٹیں حائل۔ بہرحال کسی طرح اوبڑ کھابڑ راستوں سے ہو کر رکاوٹوں کو عبور کرتے ہوئے سڑک تک پہنچے۔ اب جو نظر اٹھائی تو قیامت کا منظر سامنے تھا۔ آگ کے شعلے آسمان سے باتیں کر رہے تھے۔ سورج کی کرنیں بدن کو جھلس رہی تھیں اور چاروں طرف سے گرم ہواؤں کے تھپیڑے جسم و جان کو جھلسا رہے تھے اور اسی حال میں احرام باندھے اور پاؤں میں ہوائی چپلیں پہنے ہزاروں مرد، عورتیں اور بچے سر اٹھائے آگے بڑھے چلے جا رہے تھے۔ ہم بھی بغیر کچھ سمجھے بوجھے اور سمت کا تعین کیے بھیڑ کے ساتھ ہو گئے۔ کچھ آگے بڑھے تو نظام الدین صاحب اور روشن مل گئیں اب

فیضان صاحب کی فکر رہی مگر اس عالم میں پتہ لگانا نہایت دشوار تھا۔ لوگوں کا سیلاب تھا جو افتاں وخیزاں آگے بڑھتا جا رہا تھا جب ذرا رک کر پیچھے دیکھتے تو ایسا معلوم ہوتا کہ شعلے پیچھا کر رہے ہیں اور دھوئیں کا غول قریب تر آتا جا رہا ہے۔ صبیحہ کا رو رو کر برا حال تھا مگر کسی طرح ہمارے ساتھ چل رہی تھیں۔ پیاس سے حلق سوکھ رہا تھا خیریت تھی کہ پانی کی بوتل ساتھ تھی اور ہم لوگ گھونٹ گھونٹ پانی پی کر راستہ طے کر رہے تھے کچھ آگے بڑھے تو دیکھا آسمان پر ہیلی کوپٹر پرواز کر رہے تھے۔

اور آگ بجھانے والی گیس چھوڑ رہے تھے۔ امرجنسی فورس نے سارے علاقے کو اپنے گھیرے میں لے لیا تھا اور ایمبولنس اور فائر بریگیڈ کی گاڑیاں چاروں طرف دوڑ رہی تھیں۔ فوج کے سپاہی مائک کے ذریعہ لوگوں کو آگے بڑھنے کی ہدایت دے رہے تھے ہمیں تو کچھ ایسا محسوس ہو رہا تھا کہ ہم اپنے ارادے اور طاقت سے آگے نہیں بڑھ رہے تھے بلکہ کوئی طاقت ہمیں دھکے دے کر آگے بڑھا رہی تھی کہیں کہیں افریقی حاجیوں کا غول نظر آجاتا تو کنارے ہو جاتے کہ کہیں ان کی زد میں نہ آجائیں۔ تپتی ہوئی سڑک پر چلنے سے بہت سے لوگوں کی چپلیں ٹوٹ رہی تھیں اور انہیں ننگے پاؤں چلنا پڑ رہا تھا جس سے تلووں میں چھالے پڑ رہے تھے۔ کچھ لوگوں کو دیکھا کہ سڑک کی تپش سے محفوظ رہنے کے لئے احرام کے کپڑے پھاڑ کر قدموں میں باندھ رہے تھے۔ تیزی سے دوڑنے میں کچھ لوگ بھیڑ میں گر رہے تھے اور پھر ان کے اٹھنے کی نوبت نہیں آرہی تھی کیوں کہ پیچھے سے آنے والا ہجوم سنبھلنے کا موقع ہی نہیں دیتا تھا۔ ہم لوگ بچتے بچاتے، ہانپتے کانپتے مزدلفہ کے قریب پہنچ گئے۔ وہاں پہاڑیوں پر شعلوں کی لپیٹ سے بچنے کے لئے بہت سارے لوگ چڑھ گئے تھے۔ ایک خیال آیا کہ ہم لوگ بھی وہاں پناہ لیں اور اس طرف رخ بھی کیا مگر جب دیکھا کہ شعلوں کی لپٹ ادھر بھی بڑھ رہی ہے تو پھر سڑک ہی پر آگئے اور آگے بڑھتے رہے۔ بعد میں خبر ملی کہ پہاڑیوں پر بھی بہت سارے لوگ جاں بحق ہو گئے۔ ہمارے سامنے سے بسیں اور ٹیکسیاں گزر رہی تھیں لیکن روکنے کے باوجود رکتی نہیں تھیں! اتفاق سے کوئی ٹیکسی رک جاتی تو پچاسوں آدمی سوار ہونے کے لئے ٹوٹ پڑتے۔ ہم لوگ مایوس ہو کر آگے بڑھتے جا رہے تھے کہ ایک ٹیکسی آکر سامنے رکی اور مکہ معظمہ جانے کو تیار ہو گئی۔

اس پر بھی سوار ہوتے کو لوگ دوڑ پڑے ہم لوگوں نے بھی کسی طرح جگہ بنائی اور ٹیکسی حرم کی طرف روانہ ہوئی، مگر اس نے حرم سے کافی دوری پر اتار دیا۔ جہاں سے چلچلاتی دھوپ میں حرم شریف تک جانا ایک امتحان تھا۔ کسی طرح گرتے پڑتے حرم شریف پہنچے۔ یہ آج سنسان نظر آرہا تھا۔ حجاجِ کرام تو منیٰ جا چکے تھے۔ کچھ انڈونیشیائی حجاج دکھائی پڑے۔ اب تک عام لوگوں کو منیٰ کی آگ کی خبر نہیں تھی۔ حرم شریف کے ملازمین و محافظین بھی بے خبر نظر آئے جب ہم نے لوگوں کو بتایا تو انہیں حیرت ہوئی اور اس کا اندازہ نہیں کر سکے کہ کس قدر بھیانک اور حشر خیز آگ لگی تھی۔ تکان کے ساتھ خوف و ہراس نے ہمیں نیم جاں کر دیا تھا مگر حرم شریف پہنچ کر یک گونہ سکون ملا اور حواس بجا ہوئے۔ وضو کر کے دو رکعت نماز شکرانہ پڑھی اور حافظ حقیقی کے احسان و کرم کا شکریہ ادا کیا کہ اُس نے اس قیامت صغریٰ میں ہماری حفاظت کی اور اس بھیانک آگ سے بال بال بچایا۔

قیام گاہ پر:

نماز پڑھ کر جب قیام گاہ مسفلہ پہنچے تو دروازہ مقفل پایا اس بلڈنگ میں قیام پذیر اور لوگ بھی آرہے تھے جن کے چہروں سے سراسیمگی عیاں تھی۔ آنکھوں میں خوف کی پرچھائیاں نظر آرہی تھیں اور ہونٹوں پر داستان کرب و درد تھی۔ تھوڑی دیر میں وسیم سلمہ بھی پہنچے۔ یہ خیمے سے وضو کرنے کے لئے نکلے تھے کہ خیموں میں آگ لگ گئی اور یہ واپس نہیں جا سکے اس طرح اپنے بھائی اور بھابھی سے بچھڑ گئے۔ ہم لوگ بھی فیضان صاحب کے لئے فکر مند تھے۔

یہ رات منیٰ میں شب بسری کی تھی مگر حالات نے پھر مکہ معظمہ پہنچا دیا تھا اس لئے دل میں ایک خلش سی تھی کہ اس سنت کے ادا نہ کرنے سے کہیں حج میں کوئی نقص نہ رہ جائے اس لئے حرم میں مغرب کی نماز پڑھنے کے بعد نظام الدین صاحب کے ساتھ مدرسہ صولتیہ پہنچے کہ وہاں اس مسئلے پر کچھ روشنی مل سکے مگر وہاں بھی سناٹا نظر آیا۔ زیادہ تر لوگ منیٰ گئے تھے اور دروازہ بھی مقفل تھا۔ تھوڑی دیر کے بعد ایک صاحب آئے مگر کوئی

تشفی بخش جواب نہ دے سکے ہم نے یہ سوچ کر دل کو تسلی دے لی کہ ہم تو منیٰ میں شب گزاری کے لیے ہی گئے تھے اور کچھ دیر وہاں ٹھہرے بھی مگر خدا کو منظور نہ تھا کہ وہاں پوری رات گزار سکیں اور بلا قصد و ارادہ مکہ واپس آنا پڑا خدا اس کوتاہی کو معاف فرمائے جب حرم کے پاس پہنچے تو دیکھا کہ ٹیکسی والے آواز لگا رہے تھے منیٰ منیٰ اور کچھ مجاہد اور ہمت اللہ کے بندے وہاں جانے کے لیے ٹیکسیوں پر سوار بھی ہو رہے تھے مگر ہم اتنی ہمت جٹا نہیں سکے اور آتش زدگی کے رُوح فرسا منظر کو اس قدر جلد فراموش نہ کر سکے۔ وہاں سے پھر قیام گاہ آئے۔ دروازہ بدستور مقفل تھا اور بہت سارے مرد اور عورتیں دروازے کے باہر بیٹھی تھیں معلّم کے دفتر تک خبر پہنچائی گئی تھی مگر کوئی مثبت جواب نہیں مل رہا تھا۔

ہندوستانی سفارت خانہ : ہم چند آدمی ہندوستانی سفارت خانے کے دفتر پہنچے جو قریب ہی تھا۔ وہاں کے بھی زیادہ تر آدمی منیٰ میں تھے۔ دروازے ہی پر ایک صاحب کھڑے تھے اور سفارت خانے کے کوئی افسر معلوم ہو رہے تھے۔ ہم نے اپنی بپتا انہیں سنائی وہ بے تعلق کھڑے سنتے رہے۔ چند کلمے تسلی کے کہنے کے بجائے انہوں نے فرمایا کہ اس طرح کے حادثے تو منیٰ میں ہوتے ہی رہتے ہیں۔ اگر آپ کی قیام گاہ کا دروازہ نہیں کھل رہا ہے تو خدا کا شکر ادا کیجیے کہ آپ کو حرم شریف میں رات گزارنے کا موقع مل گیا ہے وہاں جا کر عبادت و ریاضت کیجیے اور صبح کو عرفات چلے جائیے۔ اُن کے اس بے تکے جواب اور غیر انسانی رویے سے بڑی مایوسی ہوئی۔ اتنے بھیانک حادثے سے گزرنے کے بعد یہ ہماری خیریت کیا پوچھتے اُلٹے ہمیں نصیحت کرنے لگے۔

شب گزاری : ہم لوگ پھر قیام گاہ واپس آئے تو دیکھا کہ معلّم کے آدمی نے دروازہ کھول دیا تھا اور فہمائش کر رہا تھا کہ ہاتھ منہ دھو کر تر و تازہ ہو جائیں اور پھر اسی وقت منیٰ روانہ ہو جائیں ہم لوگ اس کے لیے راضی نہیں ہوئے اور صبح ہی

کو عرفات جانا طے ہوا۔ ہم اپنے اپنے کمروں میں پہنچ گئے مگر ہوش وحواس بجا نہیں تھے۔ رات بڑی بے چینی کے عالم میں گزری عجیب عجیب خیالات دماغ میں آ رہے تھے۔ کسی کو کسی کی خبر نہیں تھی۔ ایسا لگ رہا تھا کہ یہ آگ نہیں، عذابِ الٰہی تھا جس کے شکار نہ جانے کتنے بوڑھے، بچے، مرد اور عورتیں ہوئی ہوں گی۔ وسیم بھی ہمارے ہی کمرے میں سوئے کیوں کہ ان کے کمرے کے کوئی اور ساتھی یہاں نہیں پہنچے تھے۔

عرفات:

صبح تین بجے ہی معلّم کے آدمی پہنچ گئے تھے اور کہا کہ فجر کی نماز یہیں پڑھ لیں اور تیار ہوکر آدھ گھنٹے کے اندر مکتب پہنچ جائیں۔ وہاں عرفات جانے کے لئے بس تیار ہے۔ نماز سے فارغ ہوکر ہم لوگ وقت پر مکتب پہنچ گئے۔ مگر بس کا کہیں پتہ نہیں تھا صرف آنے کی خبر سنتے رہے۔ کوئی صحیح بات بتاتا بھی نہیں تھا بس دلاسا دیا جا رہا تھا کہ اب بس آئی تب بس آئی۔ انتظار میں دس بج گئے اور تب ایک بس آئی اور اس پر ہم لوگ سوار بھی ہو گئے مگر ڈرائیور جو غائب ہوا تو پھر اس کا پتہ نہیں چلا۔ ایسا لگ رہا تھا کہ کوئی ڈرائیور جانے کو تیار نہیں تھا۔ کافی انتظار کے بعد ایک دوسری بس آئی اور ہم لوگوں کو اس پر سوار ہونے کو کہا گیا۔ گرمی شباب پر تھی۔ راستے بھر پانی پیتے رہے اور بارہ بجے کے قریب عرفات پہنچے۔ یہاں بھی خیموں کا ایک شہر بسا تھا۔ ہر طرف خیمے ہی خیمے نظر آ رہے تھے۔ بس نے ہمیں اپنے خیمے سے کافی دوری پر اتار دیا۔ سر پر سورج چمک رہا تھا اور زمین بھی تپ رہی تھی۔ خیموں تک پہنچتے پہنچتے بُرا حال ہو گیا۔

کیمپ کے پھاٹک سے جب اندر داخل ہوئے تو وہاں کا عجیب منظر تھا بہتوں کو اپنے ساتھیوں اور عزیزوں کی تلاش تھی۔ بچھڑے مل رہے تھے اور شادی مرگ سی کیفیت تھی جن کے عزیز و اقربا کا پتہ نہیں چل رہا تھا اُن کے چہروں پر یاس وحرماں کی پرچھائیاں نظر آ رہی تھیں۔ وسیم سلمۂ کے بھائی اپنی بیوی کے ساتھ خیمے میں موجود تھے دونوں بھائیوں نے گلے مل کر دل کی بھڑاس نکالی۔ ہم لوگوں نے بھی اسی

خیمے میں سامان رکھا اور نظام الدین صاحب کے ساتھ فیضان صاحب کی تلاش میں نکل کھڑے ہوئے.. مختلف خیموں کا چکر لگاتے رہے مگر کوئی اتہ پتہ نہیں چل سکا۔ جب اپنے خیمے میں واپس آئے تو معلوم ہوا کہ قریب ہی ایک خیمے میں فیضان صاحب نزہت کے ساتھ موجود تھے۔ ہم وہاں پہنچے اور فیضان صاحب سے ملاقات کی بچھڑنے کے بعد اس ملاپ پر خدا کا شکر ادا کیا۔ فیضان صاحب نے بتایا کہ خیمے سے نکل کر بصد دشواری وہ سڑک تک پہنچے اور پھر بھیڑ کے ساتھ آگے بڑھتے گئے اور جہاں تک فوج کے سپاہی آگے بڑھنے کو کہتے رہے یہ آگے بڑھتے رہے یہاں تک کہ مزدلفہ کے پاس پہنچ گئے اور یہیں پڑاؤ ڈال دیا اور دوسرے لوگ بھی وہاں پناہ گزیں تھے جب آگ بجھ گئی اور شام ہونے کو آئی تو یہ خیمے کی طرف واپس ہوگئے اور لوگ بھی یہاں پہنچے تھے مگر زیادہ تر خیمے اور وہاں موجود سامان جل چکے تھے۔ ہم لوگوں کا خیمہ اور ہمارے سامان (تکیے، چادریں، تولیہ، پہننے کے لباس وغیرہ) نذرِ آتش ہوگئے تھے۔ ڈاکٹر برکت اللہ خاں اور ڈاکٹر عبدالمنان صاحب بھی پہنچے تھے مگر رات کو وہاں ٹھہرنا ممکن نہیں تھا۔ اس لئے راہ داری میں رات بسر کی اور صبح کو عرفات پہنچے۔ صبح کو مکہ معظمہ سے کلکتہ فون کر دیا تھا۔ وہاں ٹی وی میں منیٰ کی آگ کا منظر دیکھ کر لوگ پریشان اور سراسیمہ تھے تفصیل سے سب لوگوں کی خیریت بتائی۔ دوسرے دن کلکتہ کے اردو اور انگریزی اخبارات نے فون کی خبروں کے حوالے سے خیریت کی خبریں شائع کر دیں تو وہاں یک گونہ اطمینان ہوا۔

وقوفِ عرفات:

۹ ذی الحجہ کے زوال آفتاب سے ۱۰ ذی الحجہ کے طلوع آفتاب تک عرفات میں تھوڑی دیر قیام کرنا واجب ہے۔ "یوم عرفہ" "مغفرت کا دن ہے۔ یہاں قیام، حج کا رکنِ اعظم ہے جتنی دیر ممکن ہو کھڑے ہو کر وقوف کرنا چاہئے۔ بارگاہ الٰہی میں خشوع و خضوع کے ساتھ دعا و مناجات کرتے رہنا چاہئے اور کلام پاک کی تلاوت کرنی چاہئے۔ یہ دعاؤں کی مقبولیت کا وقت ہے

بندہ جب بارگاہ ایزدی میں گڑگڑا کر دعا کرتا ہے تو رحمت خداوندی جوش میں آتی ہے اور خدا بندوں کے گناہوں کو معاف کر دیتا ہے۔ خیموں کے سامنے کچھ دور پر جبل رحمت ہے اسی پہاڑی پر رسول اکرم صلی اللہ علیہ وسلم نے آخری حج کے موقع پر وہ مشہور خطبہ ارشاد فرمایا تھا جو آج تک انسانیت کا منشور ہے! اس پہاڑی پر بھی جاکر لوگ توبہ واستغفار کرتے ہیں اور درود و سلام کا نذرانہ پیش کرتے ہیں۔ لیکن اگر راستہ بھول جانے کا خطرہ ہو تو جبل رحمت کی طرف رخ کرکے دعائیں کرنا بھی کافی ہے! اسی میدان میں مسجد نمرہ واقع ہے جس کی تعمیر حضرت ابراہیمؑ نے کی تھی اور جہاں روایت کے مطابق ستر ہزار انبیاء نے نماز پڑھی ہے۔ رسالت مآب صلی اللہ علیہ وسلم نے یہاں ظہر اور عصر کی نمازیں ایک ساتھ ادا کی تھیں۔ اس سنت پر عمل کرنے کے لئے امام مسجد نمرہ ایک اذان اور دو تکبیروں کے ساتھ ظہر اور عصر کی نمازیں ملا کر پڑھاتے ہیں۔ جن کا قیام مسجد نمرہ سے قریب ہے وہ لوگ وہاں جاکر باجماعت نمازیں ادا کر سکتے ہیں لیکن جو اس مسجد سے دور ہوں ان کے لئے خیموں کے اس جنگل میں مسجد تک پہنچنا اور پھر واپس آنا دشوار ہے! اس لئے ان کے لئے خیموں ہی میں ظہر اور عصر کی نماز الگ الگ پڑھنا مناسب ہے۔ حادثہ منیٰ کی وجہ سے گرچہ دلوں میں یکسوئی نہیں تھی اس کے باوجود اللہ کے نیک بندے اپنے رب سے لو لگائے توبہ استغفار کر رہے تھے اور اس کی رحمت و برکت کی طلب میں دست بہ دعا تھے۔ بیس پچیس لاکھ کے اس عظیم اجتماع میں سب ایک ہی لباس میں، ایک ہی قبلہ کے رُخ کھڑے ہو کر ایک ہی خدا کے حضور میں دنیا و مافیہا سے بے نیاز دست بہ دعا تھے۔ یہ ایک لق و دق چٹیل میدان ہے جہاں ایک دن کے لئے خیموں کا شہر آباد ہو گیا تھا۔ دھوپ کی تمازت بھی بہت تھی۔ اب تو جا بہ جا نیم کے درخت لگ گئے ہیں جن سے کچھ راحت ملتی ہے۔

ہم نے ظہر کی نماز خیمے ہی میں ادا کی اور پھر دعاؤں میں مصروف ہو گئے۔ دل کی آرزوئیں اس ذاتِ گرامی کے آگے پیش کیں جو دلوں کا حال جانتا ہے۔ اپنے لئے،

والدین کے لئے، اعزّا و اقربا کے لئے، ان سارے لوگوں کے لئے جنہوں نے دعاؤں کے لئے کہا تھا اور سارے مسلمانوں کے لئے خوب دعائیں کیں۔ اس کے باوجود احساس رہا کہ اس مبارک دن کا حق ادا نہیں ہوا۔

شام کو معلّم کے ایک نمائندہ بھی پہنچے اور اجتماعی دعا کا اہتمام کیا۔ انہوں نے دعا کی قیادت کی اور سب لوگوں نے ان کا ساتھ دیا۔ آدمی زیادہ پڑھے لکھے نہیں معلوم ہوئے۔ رٹی رٹائی دعائیں دہراتے رہے۔ مادری زبان عربی ہونے کی وجہ سے انہیں سہولت تھی۔ ہم بھی دعا میں شریک ہو گئے کہ خدائے غفور کو کس کی ادا پسند آجائے اور دریائے رحمت جوش میں آکر گناہوں کے سارے کوڑا کرکٹ کو صاف کر ڈالے۔ روایت ہے کہ یہاں رحمت خداوندی بندے کو اس طرح گناہوں سے پاک صاف کر دیتی ہے جس طرح وہ ماں کے پیٹ سے پیدا ہوتے وقت تھا۔ غروب آفتاب تک دعاؤں کا سلسلہ چلتا رہا اور اس کے بعد مغرب کی نماز پڑھے بغیر مزدلفہ جانے کی تیاری شروع ہو گئی۔

عرفات میں کھانا :

خیموں کے ساتھ ساتھ عرفات میں ہوٹل اور ریستوران بھی کھل جاتے ہیں۔ جہاں کھانے، ناشتے، چائے اور ٹھنڈے مشروبات دستیاب ہوتے ہیں حکومت کی طرف سے پینے کا ٹھنڈا پانی بھی بڑے بڑے ٹینکوں کے ذریعہ سپلائی ہوتا ہے۔ دوپہر کو کھانے کے پیکٹ بھی تقسیم ہوتے دیکھے گئے مگر اس میں کوئی ترتیب اور تنظیم نظر نہیں آئی۔ کچھ لوگوں نے تو ایک سے زیادہ پیکٹ اٹھا لئے اور کچھ لوگ جو وہاں تک نہیں پہنچ سکے محروم رہ گئے! ایک صاحب نے ہمیں بھی ایک پیکٹ لاکر دیا جس میں پاؤ روٹی بسکٹ، مکھن، دودھ اس قدر تھے کہ ایک آدمی کو کافی تھا۔ یہاں بھی منیٰ کی طرح قیمتیں بڑھی ہوئی تھیں۔

مزدلفہ کو روانگی :

عرفات سے مزدلفہ جانا ایک مسئلہ بن گیا حاجیوں کو مزدلفہ لے جانے کے لئے کثیر تعداد میں بسیں ایک طرف کھڑی تھیں جن میں سے بیشتر

دیارِ حرم میں (حج سفر نامہ) علقمہ شبلی

۸۳

میں لوگ بیٹھ چکے تھے جب ہم لوگ بسوں کے قریب پہنچے تو دیکھا کہ جو بسیں خالی تھیں اُن کے دروازے بند تھے اور ڈرائیور یا کنڈکٹر کا پتہ نہیں تھا جو دروازہ کھولے۔ ہم لوگ ایک خالی بس کے قریب قطار میں کھڑے ہو گئے کہ دروازہ کھلے تو بیٹھ جائیں مگر گھنٹوں انتظار کے بعد بھی دروازہ نہیں کھلا جب آگے کی بسیں روانہ ہونے لگیں تو اعلان ہوا کہ جو لوگ بسوں میں نہیں بیٹھ سکے ہیں وہ گیٹ پر پہنچ جائیں وہاں بس مل جائے گی۔ ہم لوگ گیٹ کی طرف دوڑے تو دیکھا کہ ساری بسوں کی نشستوں پر لوگ بیٹھے تھے اور اسی حالت میں کچھ لوگ سوار ہو کر بس میں کھڑے تھے اور بسیں روانہ ہو رہی تھیں۔ ہم لوگ بھی کوشش کرتے تو کسی طرح بس میں سوار ہو جاتے مگر فیضان صاحب کے لئے علالت کی وجہ سے کھڑے ہو کر جانا دشوار تھا۔ اس لئے کچھ دیر اور انتظار کرتے رہے۔ جب ایک بس قدرے خالی آئی تو ہم لوگ اس میں سوار ہونے کو تیار ہوئے مگر اب فیضان صاحب کا پتہ نہیں تھا۔ ہم لوگ ادھر ادھر اُن کو تلاش کرنے لگے۔ نزہت بھی پریشان ہو گئی۔ اب لوگوں کی بھیڑ کم ہو گئی تھی جب تلاش بسیار کے بعد بھی اُن کا پتہ نہیں چلا تو خیال ہوا کہ شاید کسی بس پر سوار ہو کر روانہ ہو گئے ہوں۔ اب اس کے سوا کوئی چارہ نہیں تھا کہ مزدلفہ روانہ ہو جائیں۔ نزہت کو راضی کرنے میں بڑی دشواری ہوئی وہ کسی طرح اپنے ابی کے بغیر روانہ ہونے کو تیار نہیں تھی جب بہت سمجھایا گیا تو ہم لوگوں کے ساتھ بس پر سوار ہو گئی۔ راستے میں گاڑیوں اور ٹیکسیوں کی قطار لگی تھی اس لئے بس قدم قدم پر رکتی ہوئی چیونٹی کی چال چل رہی تھی۔ بس ایر کنڈیشنڈ تھی اس لئے ساری کھڑکیاں بند تھیں مگر دقت یہ تھی کہ ائر کنڈیشن چالو نہیں تھا۔ نتیجہ یہ ہوا کہ تھوڑی دیر کے بعد بند شیشوں کی وجہ سے بس کے اندر ناقابل برداشت حبس ہو گیا اور دم گھٹتا ہوا محسوس ہوا صبیحہ اور دو ایک اور عورتوں کی حالت غیر ہونے لگی۔ سانس لینا مشکل ہو گیا۔ ڈرائیور سے لاکھ کہا جا رہا تھا کہ ائیر کنڈیشن مشین چالو کرے یا بس کو کہیں کھڑی کرے لیکن اس پر کوئی اثر ہی نہیں ہو رہا تھا۔ ایسا معلوم ہو رہا تھا کہ وہ سنی کو ان سنی کر کے گاڑی کو آگے لئے جا رہا تھا۔

جب کوئی صورت نظر نہیں آئی تو میں صبیحہ کو لے کر دروازہ کے پاس پہنچا یہاں کچھ ہوا آرہی تھی پھر بھی ان کی طبیعت بحال ہونے میں کافی وقت لگا۔ یہاں دشواری یہ تھی کہ بیٹھنے کی جگہ نہیں تھی اور کوئی اپنی سیٹ چھوڑ کر پیچھے جانے کو تیار نہیں تھا مجبوراً کھڑے ہی رہنا پڑا گو اس میں پریشانی بہت ہوئی۔ ایک بجے کے قریب ہماری بس مزدلفہ کے حدود میں داخل ہوئی۔

وقوفِ مُزدلفہ:

مُزدلفہ، عرفات اور مِنیٰ کے درمیان ایک پتھریلا میدان ہے جو قریب تین کلومیٹر کے رقبہ میں پھیلا ہے۔ یہاں خیمے نہیں ہوتے۔ فرزندانِ توحید کھلے آسمان کے نیچے ریتیلی اور پتھریلی زمین پر خدا کی یاد میں رات گزارتے ہیں۔ یہاں مسجد مشعر الحرام ہے! اس کے پاس سید المرسلین صلی اللہ علیہ وسلم نے قیام فرمایا تھا اس لئے اس کے قریب ٹھہرنا افضل ہے لیکن ہجوم کی وجہ سے اگر یہاں جگہ نہ ملے تو حدودِ مزدلفہ میں کہیں بھی ٹھہر جانا کافی ہے! اس رات کی بڑی فضیلت ہے بعض علماء اسے شب قدر سے بھی افضل بتاتے ہیں۔ اس بابرکت رات کو توبہ و استغفار، عبادت اور ذکر الٰہی میں گزارنا چاہیے۔ کہا جاتا ہے کہ خدائے تعالیٰ اس رات میں نہ صرف ان کوتاہیوں کو معاف کرتا ہے جو اس کے حقوق کی ادائیگی میں ہوئی ہیں بلکہ اُن کوتاہیوں سے بھی درگزر کرتا ہے جو بندوں کے حقوق کی ادائیگی میں ہوتی ہیں یہ جب ہم مُزدلفہ پہنچے اور بس سے اُترے تو ہر طرف آدمی ہی آدمی نظر آئے۔ میدان کے علاوہ سڑکوں پر بھی لوگوں نے ڈیرے ڈال رکھے تھے۔ ہم لوگوں نے بھی ایک جگہ اپنا سامان رکھا۔ تکئے اور چادریں تو مِنیٰ میں نذرِ آتش ہو چکی تھیں لنگیوں کو زمین پر بچھایا اور ایک ہی تکبیر سے مغرب و عشاء کی نمازیں ادا کیں۔ پہلے مغرب کا فرض پھر عشاء کا فرض ادا کیا اور اس کے بعد مغرب و عشاء کی سنتیں، نوافل اور وتر ادا کیں فیضان صاحب کے بچھڑ جانے سے طبیعت میں یکسوئی نہیں تھی اور نزہت بھی گم سُم نظر آرہی تھی اس لئے نماز کے بعد نُزہت کو لے کر فیضان صاحب کی تلاش میں میدان کے چکر لگاتے رہے مگر رات کے وقت آدمیوں کے اس جنگل میں کسی کو تلاش

کر لینا کب ممکن تھا؟ یہاں کی زمین پتھریلی ہے۔ اس لئے یہاں کنکریاں بہت ہیں۔ بہت سے لوگ منیٰ میں شیطان کو مارنے کے لئے کنکریاں جمع کر رہے تھے۔ ہم نے بھی آسانی کے لئے کنکریاں یہیں جمع کر لیں۔

جب واپس آئے تو دیکھا کہ صبیحہ کی طبیعت بھی ابھی تک پوری بحال نہیں ہوئی تھی، چکر پر چکر آ رہے تھے۔ انہیں دلاسا دیا اور تھوڑی دیر آرام کر لینے کو کہا تھکاوٹ کی وجہ سے نیند تو مجھے بھی آ رہی تھی، چاروں طرف مدھم چاندنی چھٹکی تھی اور موسم بھی خوشگوار تھا لیکن یہ سوچ کر کہ یہ رحمتوں والی رات پھر ہاتھ آنے کو نہیں۔ ذرا کمر سیدھی کی اور پھر جاگ گیا۔ اب وضو کے لئے پانی کی ضرورت ہوئی۔ کچھ دور پر پانی کے نل نظر آئے مگر ہر جگہ لوگ سوئے پڑے اور عبادت میں مصروف تھے اس لئے نل تک پہنچنا بھی آسان نہیں تھا۔ کسی طرح بچتے بچاتے نل تک پہنچے وضو کیا اور پانی لیا۔ قریب روٹیاں بھی فروخت ہوتے دیکھیں۔ پانچ ریال میں روٹیاں اور سالن لے لیں مگر روٹیاں ٹھنڈی تھیں اور سالن بھی ذائقہ دار نہیں تھا کھائی نہیں گئیں۔ اب تہجد کا وقت ہو گیا تھا۔ تہجد پڑھ کر حسب توفیق توبہ و استغفار کرتا رہا۔ اپنے گناہوں اور کوتاہیوں پر نادم ہو کر مغفرت کی دعائیں مانگتا رہا۔ اور رسول اکرم روحی فداہ صلی اللہ علیہ وسلم کی جناب میں درود و سلام کے نذرانے پیش کرتا رہا جب فجر کی اذان کی آواز آئی تو نماز ادا کی اور طلوع آفتاب سے ذرا قبل مزدلفہ سے منیٰ کو روانہ ہوئے۔

مزدلفہ سے روانگی :

۱۰ ذی الحجہ کی صبح ہوتے ہی حجاج کرام کا رُخ مزدلفہ سے پھر منیٰ کی طرف تھا۔ ایسا لگ رہا تھا کہ انسانوں کا سیل بے کراں تھا جو موجیں مارتا ہوا منیٰ کی طرف رواں دواں تھا۔ بس ٹیکسی اور دین قطار کی قطار کھڑی تھیں جن پر لوگ سوار ہو کر روانہ ہو رہے تھے مگر راستوں میں گاڑیوں کی وہ ریل پیل تھی کہ ایسا معلوم ہو رہا تھا کہ گاڑیاں آگے نہیں بڑھ رہی تھیں چیونٹی کی

چال چل رہی تھیں۔ مزدلفہ سے منیٰ کی مسافت تین ساڑھے تین کلومیٹر ہے۔ بہت سارے لوگ پیدل ہی روانہ ہوئے۔ پیادہ پا جانے کا راستہ بھی الگ ہے جس میں مسافت کچھ کم بھی ہو جاتی ہے۔ ہم لوگوں نے پیدل ہی جانے کا فیصلہ کیا۔ کیوں کہ گاڑی سے جانے کی صورت میں کس وقت منیٰ پہنچیں گے کہا نہیں جا سکتا تھا۔ یوں تو منیٰ بہت زیادہ دور نہیں لیکن سامان کے ساتھ بھیڑ میں چلنا کوئی آسان کام بھی نہیں۔ وہ تو صبح کا وقت تھا، دھوپ میں تیزی نہیں تھی اور لاکھوں کا ہجوم ساتھ تھا اس لئے "مرگ انبوہ جشنے دارد" کے مصداق ہم آگے بڑھتے رہے۔ کھوے سے کھوا چھل رہا تھا، دھکے بھی کھا رہے تھے مگر قدم رک نہیں رہے تھے۔ مزدلفہ سے متصل ایک میدان ہے جسے محسّر کہا جاتا ہے جب حجاج یہاں سے گزرتے ہیں تو اپنی رفتار تیز کر دیتے ہیں کیوں کہ یہیں اللہ تعالیٰ نے اصحابِ فیل پر اپنا عذاب نازل کیا تھا جب ہم منیٰ کے قریب پہنچے اور طویل راہداری میں داخل ہو گئے تو وسعت کم ہونے کی وجہ سے ہجوم کا دباؤ اور زیادہ ہو گیا۔ یہ بھی اندازہ نہیں ہو رہا تھا کہ ہندوستانی کیمپ کس طرف تھا۔ جہاں ہم لوگوں کو قیام کرنا تھا اس وقت نظام الدین صاحب کی یادداشت بہت کام آئی۔ یہاں سارے باتھ روموں پر نمبر درج ہے۔ انہوں نے ہندوستانی کیمپ کے سامنے کے باتھ روم کا نمبر ذہن نشین کر لیا تھا جس سے ہندوستانی کیمپ تک پہنچنے میں بڑی مدد ملی۔

پھر منیٰ میں :

نو بجے کے قریب ہم خیموں تک پہنچے۔ یہ دیکھ کر حیرت ہوئی کہ دو دن پہلے ستر بہتّر ہزار خیمے نذرِ آتش ہوئے تھے۔ ۳۶ گھنٹوں کے اندر اُن کے ملبے صاف کر کے اُن کی جگہ پر نئے خیمے لگ گئے تھے اور منیٰ کے حادثے کو بھول کر حجاج کرام بھی آ گئے تھے۔ حالاں کہ منیٰ کے اس قیامت صغریٰ سے بچ کر نکلنے والے ڈرے سہمے تھے اور اپنے حواس نہیں بچا کر پا رہے تھے۔ یہ خیمے نسبتاً کشادہ تھے اور خیموں کے درمیان آنے جانے کے لئے راستے بھی چوڑے تھے۔

خیموں پر نمبر درج نہیں تھا جس کا جہاں جی چاہے اور جگہ ملے ٹھہر جائے۔ گیٹ کے سامنے والے خیمے میں وسیم سلمہٗ، اپنے بھائی اور بھابھی کے ساتھ نظر آئے۔ ہم نے بھی وہیں سامان رکھا۔ نظام صاحب تو رمی جمار عقبہ (بڑے شیطان کو کنکریاں مارنا) کے لئے روانہ ہو گئے تھے۔ مگر مجھے اس وقت عورتوں کو ساتھ لے کر جانے کی ہمت نہیں ہوئی۔ ہمارا خیمہ پورب کی جانب ایک کنارے اور رمی جمارات کی جگہ اس سے پچھم دوسرے کنارے پر تھی طویل راہداری طے کر کے وہاں جانا ہوتا تھا اور پہنچنے میں ایک ڈیڑھ گھنٹہ لگ جاتا تھا۔ اس لئے ہم نے دوسرے وقت جانے کا فیصلہ کیا۔ ۱۰ ذی الحجہ کو کنکریاں مارنے کا مسنون وقت طلوع آفتاب سے زوال آفتاب تک ہے اور زوال آفتاب سے غروب آفتاب تک بھی جائز ہے غروب آفتاب کے بعد مکروہ ہے۔ مگر بیمار، کمزور ضعیف اور عورتوں کے لئے غروب آفتاب کے بعد بھی گنجائش ہے۔

اب ذرا سکون ہوا تو اس خیمے کا جائزہ لیا۔ لوگ زیادہ تھے اور جگہ بہت تنگ تھی جو تین دن کے قیام کے لئے ناکافی تھی۔ صبیحہ کے ساتھ کیمپ میں گھوم پھر کر خیموں کا جائزہ لیا تو ہر جگہ حجاج یا اُن کے سامان رکھے ہوئے نظر آئے بڑی مشکل کی مدد سے صبیحہ نے کسی طرح جگہ نکالی۔ ڈاکٹر عبدالمنان صاحب اپنی اہلیہ کے ساتھ اور آفتاب صاحب اپنی بیگم طلعت کے ساتھ اسی جگہ قیام پذیر تھے۔ طلعت صاحبہ نے بڑی خوش اسلوبی سے استقبال کیا اور اپنی چادر بھی بچھا دی (ہماری چادریں تو دو روز قبل یہیں جل گئی تھیں) خدا کے نیک بندے ہر جگہ مل جاتے ہیں۔ یہی اخلاق، ہمدردی اور اخوت تو زندگی کا حُسن ہیں۔ اگر یہ نہ ہوں تو زندگی بے رنگ ہو کر رہ جائے اور ساری عبادتیں بے روح ہو جائیں۔ طلعت صاحبہ سے سرزمین حجاز ہی میں ملاقات ہوئی۔ کلکتہ میں کبھی ایسا موقع نہیں آیا تھا۔ حالاں کہ ہم کلکتہ میں جس مکان میں رہتے ہیں وہ ان کے والد اور ان کے چچاؤں کی مشترک جائداد ہے اور جس کی حصہ دار یہ بھی ہیں۔

منیٰ آتے ہی ہم نے فیضان صاحب کو خیموں اور خیموں سے باہر بھی تلاش کیا مگر کہیں نظر نہیں آئے۔ جلے ہوئے سامان اور خیمے، بجلی اور پانی کے سیاہ ستون اور ٹن کی سیاہ جلی ہوئی چادریں زبان حال سے بھیانک آگ کی روح فرسا داستانیں سنا رہی تھیں۔ ہمارے کیمپ کے پھاٹک کے پاس سوختہ اور نیم سوختہ سامانوں کا ڈھیر تھا۔ جہاں کچھ گم شدہ چیزیں تلاش کر رہے تھے۔ یار دیکھے کے بعد فیضان صاحب نظر آئے اور نزہت کی جان میں جان آئی۔ وہ بے چاری تو شدتِ غم سے نڈھال ہو گئی تھی۔ فیضان صاحب ایک بس پر تنہا سوار ہو کر مزدلفہ پہنچ گئے تھے اور وہاں سے کچھ پاکستانی حاجیوں کے ساتھ رات بسر کی تھی اور پھر منیٰ پہنچے تھے۔

رمی جمرِ عقبہ : مغرب کی نماز کے بعد فیضان صاحب کے ساتھ عورتوں کو لے کر رمی جمار کے ارادے سے خیمے سے نکلے۔ راستے میں ہجوم اس قدر تھا کہ پیدل چلنا بھی دشوار ہو رہا تھا۔ جب جمرات کے قریب پہنچے تو ایک شاندار اور کشادہ مسجد نظر آئی۔ یہی مسجد خیف ہے! اندر جانے کا تو موقع نہیں تھا۔ باہر ہی سے دیکھا کہ مسجد کے اندر اور صحن میں بھی کافی بھیڑ تھی۔ جب مسجد سے کچھ آگے بڑھے تو فوجی سپاہی نظر آئے جو ہجوم کو آگے بڑھنے سے جگہ جگہ روک رہے تھے۔ مسجد خیف کے قریب جمرۂ اولیٰ (چھوٹا شیطان) ہے اس سے تھوڑی دور آگے جمرۂ وسطیٰ (درمیانہ شیطان) اور سب سے آخر میں جمرہ عقبہ (بڑا شیطان) ہے آج ہمیں صرف اسی کو سات کنکریاں مارنی ہیں۔ کنکریاں مارنے سے پہلے تلبیہ کا ورد بند ہو جاتا ہے۔ رکتے، دھکا کھاتے ہم آگے بڑھتے رہے اور خدا خدا کر کے جمرۂ عقبہ کے پاس پہنچے۔ کنکریاں تو مزدلفہ ہی سے لائے تھے ایک ایک کنکری کو دائیں ہاتھ کی شہادت کی انگلی اور انگوٹھے سے پکڑ کر بسم اللہ اللہ اکبر رغماً للشیطٰن (اللہ کے نام سے شروع کرتا ہوں جو سب سے بڑا ہے، تاکہ شیطان ذلیل ہو) پڑھتے ہوئے سات کنکریاں شیطان کو ماریں۔ شیطان کی علامت کے طور پر اونچا ستون بنا دیا گیا ہے اس پر کنکریاں ماری جاتی ہیں۔ ضرب اسی

ستون پر پڑنی چاہیئے لیکن اگر کچھ کنکریاں ادھر اُدھر گر جائیں تو بھی مضائقہ نہیں ہے اس وقت نسبتاً بھیڑ کم تھی۔ اس لئے رمی جمرات میں زیادہ پریشانی نہیں ہوئی۔ اور عورتوں نے بھی یہ واجب ادا کر لیا۔ اب تو وسیع فلائی اوور بھی بن گیا ہے جہاں سے کنکریاں ماری جا سکتی ہیں۔ یہ کھلی چھت ہے اس لئے ہوا کی گنجائش ہے اور شیطانوں کو سنگ سار کرنے میں سہولت ہے۔ رمی جمرات سے فارغ ہو کر واپس آتے آتے دس بج گئے۔ رمی کے بعد قربانی کی جاتی ہے۔ مِنیٰ کی قربان گاہ میں حجاج جا کر جانور کی خریداری کر کے قربانی کر سکتے ہیں مگر یہ ہر آدمی کے بس کی بات نہیں۔ ہم نے قربانی کے لئے مدرسہ صولتیہ میں تین سو ریال فی کس پہلے ہی جمع کر دیا تھا اس لئے قربان گاہ جانے کی ضرورت نہیں ہوئی۔ رات زیادہ ہو گئی تھی اس لئے حلق یا قصر اور طواف زیارت کو کل کے لئے ملتوی کر دیا۔ خبر ہے کہ منی میں ساٹھ کروڑ ریال کے جانوروں کی قربانی ہوئی۔ اب کھانے کی فکر ہوئی لیکن یہاں کھانے کا معیار اچھا نہیں تھا اور قیمت بھی زیادہ تھی۔ کھانا تو بہر حال تھا، جو ملا کھا لیا۔

۱۰ ذی الحجہ کو منیٰ میں حجاج کرام کے لئے بقر عید کی نماز نہیں ہے۔

طوافِ زیارت :

۱۱ ذی الحجہ (۱۸ اپریل) جمعہ کو ۸ بجے صبح منیٰ سے طوافِ زیارت کے لئے روانہ ہوئے۔ اب یہی حج کا ایک فرض باقی رہ گیا تھا۔ حج کے دو اور فرائض احرام باندھنا اور وقوف عرفات مکمل ہو چکے تھے۔ قریب ہی فلائی اوور (کوبری) پر مکہ جانے والی گاڑی مل گئی۔ دس ریال کرایہ لگا اور آدھ گھنٹے میں حرم شریف پہنچ گئے۔ پہلے قیام گاہ جا کر سامان رکھا۔ نظام الدین صاحب روشن کے ساتھ پہلے آ گئے تھے۔ ان کے ساتھ ہی حرم گئے۔ طواف کرنے والوں کی بھیڑ بہت تھی۔ اور دھوپ بھی شدت کی تھی۔ ہم بھی طواف کرنے والوں کے ساتھ شریک ہو گئے۔ ہجوم کے دباؤ کی وجہ سے کبھی کبھی تو ایسا محسوس ہوتا تھا کہ دم گھٹ جائے گا۔ مسجد حرام سے کچھ لوگ پانی کے چھینٹے بھی دے رہے تھے تاکہ طواف کرنے والوں

کو کچھ راحت ہو۔ خدا کا فضل شامل حال رہا جو حبیبہ کے ساتھ طواف کے سات پھیرے مکمل کر لئے۔ ہم دونوں پسینے سے شرابور تھے۔ طواف مکمل کر کے چاہ زم زم میں جاکر خوب جی بھر کر زم زم پیا اور وہیں تھوڑی دیر آرام کرنے کو بیٹھ گئے۔ طواف زیارت کے بعد صفا اور مروہ کے درمیان حج کی سعی واجب ہے۔ اسے دوسرے دن بھی کیا جا سکتا ہے۔ اسی طرح منیٰ جانے سے پہلے بھی ہو سکتا ہے۔ جمعہ کی نماز مسجد حرم میں ادا کی۔ آج پہلی جیسی بھیڑ نہیں تھی۔ کیوں کہ ابھی سارے حجاج واپس نہیں آئے تھے۔ مکہ کی وہ سڑکیں اور گلیاں جہاں تل رکھنے کو جگہ نہیں رہتی تھی آج سنسان نظر آرہی تھیں۔ نماز پڑھ کر قیام گاہ واپس آئے اور کھانا کھا کر تھوڑی دیر آرام کیا۔ اب آہستہ آہستہ تھکاوٹ کا احساس ہو رہا تھا

آج ہندوستان میں ۱۰ ذی الحجہ بقر عید کا دن تھا۔ بچوں کی یاد آتی رہی۔ دوگانہ ادا کر کے انہوں نے قربانی کی ہوگی اور اعزا و احباب میں گوشت تقسیم ہوا ہوگا۔ اور مبارک بادیاں دی گئی ہوں گی۔

منیٰ کو واپسی :

شام کو چار پانچ بجے منیٰ کے لئے روانہ ہوئے ٹیکسی آسانی سے مل گئی۔ راستے میں بھیڑ بہت تھی اس لئے سات بجے کے قریب جمرات کے پاس پہنچے۔ آج کنکری مارنے کا وقت زوال آفتاب سے شروع ہوتا ہے۔ آج بھیڑ کل سے زیادہ تھی کسی طرح چھوٹے، درمیانے اور بڑے شیطانوں کو یکے بعد دیگرے سات سات کنکریاں نیچے ہی سے ماریں اور تیزی سے بھیڑ سے باہر نکل آئے۔ خیمے میں واپس آتے آتے دس بج گئے۔ یہاں جو پہنچے تو دیکھا کہ ہماری جگہوں پر دوسرے لوگ آرام کر رہے تھے۔ عام طور سے لوگ اپنی جگہوں پر اپنی چادریں بچھائے رکھتے ہیں تاکہ ان کے غائبانے میں ان کی جگہ محفوظ رہے مگر ہم لوگوں کی تو چادریں ہی جل گئی تھیں۔ اس وقت بھی طلعت صاحبہ نے دست تعاون بڑھایا اور تھوڑی سی خالی جگہ پر اپنی چادر بچھا دی جہاں ہم نے رات گزاری۔ ڈاکٹر برکت اللہ اور ان کی بیگم ڈاکٹر ناہید بھی اسی جگہ تھیں۔

۱۲ ذی الحجہ کی صبح کو چار بجے میں وضو کر کے واپس آیا ہی تھا کہ خبر اڑی کہ پھر خیموں میں آگ لگ گئی ہے۔ کچھ لوگ جاگ گئے تھے اور کچھ لوگ ابھی سو رہے تھے لوگ تو ڈرے سہمے تھے ہی، اس خبر سے عجیب سراسیمگی پھیل گئی اور بھگدڑ ہونے والی ہی تھی کہ جلد ہی اس خبر کی تردید ہوئی اور لوگوں کی جان میں جان آئی۔

آج کنکریاں مارنے کا وقت زوال آفتاب سے شروع ہوتا تھا آخری دن تھا، سب لوگ کنکریاں مار کر جلد مکہ معظمہ پہنچنا چاہتے تھے اس لئے اندازہ تھا کہ جمرات کے پاس اژدہام زیادہ ہوگا۔ لہٰذا دس بجے کے قریب ہی ہم لوگ (فیضان صاحب، ڈاکٹر برکت اللہ، آفتاب صاحب، مزمل وغیرہ) راہ داری (Tunnel) سے رمی جمرات کے لئے روانہ ہوئے! اس میں سہولت یہ تھی کہ دھوپ سے بچاؤ تھا گو آنے جانے والوں کے علاوہ وہاں قیام کرنے والوں کی وجہ سے ہجوم بہت تھا اور چلنا دشوار ہو رہا تھا۔ اگر اس راہ داری میں لوگوں کا قیام نہ ہوا اور قیام خیموں ہی تک محدود رہے تو آنے جانے والوں کو بہت سہولت ہو۔ پانی کی بوتلیں ساتھ تھیں اس لئے حلق تر کرتے ہوئے اور بھیڑ سے بچتے بچاتے جمرات تک پہنچے۔ آج ہم لوگ فلائی اوور کے اوپر چلے گئے، یہاں جگہ کشادہ اور کھلی ہوئی تھی! اس لئے سانس لینے میں دقت نہیں ہو رہی تھی زمین پر جابجا خون کے دھبے نظر آئے۔ معلوم ہوا کہ کچھ لوگ کل بھیڑ میں گر کر زخمی ہو گئے تھے۔ اس وقت بھیڑ زیادہ نہیں تھی زوالِ آفتاب ہوتے ہی ہم نے یکے بعد دیگرے تینوں شیطانوں کو سات سات کنکریاں ماریں! الحمدللہ حج کے سارے ارکان ادا ہو گئے۔ چھوٹے شیطان کو کنکریاں مار کر خانہ کعبہ کے رخ کھڑے ہو کر پروردگار عالم سے توبہ استغفار کرنا چاہیئے، دعا مانگنی چاہیئے اور حضور صلی اللہ علیہ وسلم کی خدمت میں درود و سلام پیش کرنا چاہیئے۔ درمیانی شیطان کو کنکریاں مار کر بھی اسی طرح ذکر و تسبیح اور دعا کرنی چاہیئے اور صلوٰۃ و سلام پڑھنا چاہیئے۔ البتہ بڑے شیطان کو کنکریاں مارنے کے بعد دعا نہیں کرنا چاہیئے۔ اور وہاں سے روانہ ہو جانا چاہیئے۔ ہم نے ایسا ہی کیا۔ مرد، عورت، بوڑھے جوان

سب کو جاکر شیطان پر کنکریاں خود مارنا چاہیئے۔ قدرت رکھتے ہوئے دوسرے کو نائب بنانا غیر مسنون فعل ہے۔ عورتیں اگر زوال آفتاب کے بعد جائیں تو سہولت رہتی ہے۔ جمرات کے پاس سے نکل کر ہم فلائی اوور سے جو نیچے آئے تو قطار سے سرکاری بسیں کھڑی نظر آئیں ہم لوگ اُن میں سے ایک میں بیٹھ گئے اور دس ریال میں حرم شریف پہنچ گئے۔ حج کے زمانے میں بس کا کرایہ بڑھ جاتا ہے ورنہ عام دنوں میں یہ کرایہ نہیں ہوتا۔

۸ ذی الحجہ سے ۱۲ ذی الحجہ تک منیٰ کے میدان میں خیموں کا ایک عظیم شہر بسا رہتا ہے جہاں دنیا بھر سے آئے ہوئے فرزندانِ توحید قیام پذیر رہتے ہیں۔ ہر طرف خوب چہل پہل رہتی ہے۔ خیموں کے علاوہ سڑکوں پر اور دکانوں میں ہر وقت لوگوں کی بھیڑ رہتی ہے۔ ضرورت کے سامان اور شوق کی چیزیں بافراط ملتی ہیں۔ تر و تازہ پھل، سبز و شاداب ترکاریاں اور قسم قسم کے میوے دکانوں میں سجے نظر آتے ہیں۔ ہوٹل، ریستوران، چائے اور ٹھنڈے مشروب کے اسٹال بھی دعوت کام و دہن کے لئے جا بہ جا موجود ہیں۔

۱۲ ذی الحجہ کو رمی جمار کر کے واپسی شروع ہو جاتی ہے اور بھیڑ کم ہونے لگتی ہے۔ حضرت ابراہیم خلیل اللہ کی تقلید میں حجاج کرام شیطان کو سنگسار کر کے اسے ذلیل و خوار تو کرتے ہیں لیکن خدا ہی بہتر جانتا ہے کہ ہمارے دلوں میں جو شیطان چھپ کر ہر لمحہ ہمیں گمراہ کرنے کے درپے رہتا ہے اس پر بھی چوٹ پڑتی ہے اور اس کا جسم بھی کنکریوں سے چھلنی ہوتا ہے؟ دراصل یہی رمی جمرات کی روح ہے اور شیطانوں کو علامتی کنکریاں مارنے کے پیچھے یہی حکمت کارفرما ہے۔ قادرِ المطلق ہمیں اس کی توفیق عطا فرمائے کہ دلوں میں جاگزیں شیطان کو بھی زیر کر سکیں۔

منیٰ سے واپسی

بس اسٹاپ کے بعد ہی منیٰ کی سرحد ختم ہو جاتی ہے اور مکہ کے حدود شروع ہو جاتے ہیں۔ راستے میں جدید طرز کی عمارتیں اور اشیاء تجارت سے بھری ہوئی دکانیں نظر آئیں۔ پہاڑیوں پر بھی حسین مکانات قطار در قطار دیکھنے کو ملے۔ کہیں کہیں بدوؤں کے جھونپڑے بھی نظر آئے۔ راستے میں درخت، پیڑ پودے اور سبزے بھی دعوتِ نظارہ دے رہے تھے۔ سعودی حکومت نے ریگ زاروں کو سبزہ زار میں تبدیل کرنے میں بہت حد تک کامیابی حاصل کر لی ہے۔ اب یہ شہر دنیا کے ترقی یافتہ شہروں کا ہم پلہ نظر آتا ہے۔ ایک بجے کے قریب ہم قیام گاہ پہنچے اور خدا کا شکر ادا کیا کہ اس نے محض اپنے فضل و کرم سے قدم قدم پر سہولتیں فراہم کر دیں اور حج جیسے مشکل مرحلے کو ہمارے لئے آسان کر دیا اور ہمیں صحت و سلامتی کے ساتھ مکہ واپس لایا۔

حادثہ کے متاثرین : منیٰ جیسا روح فرسا حادثہ کبھی کبھی معرضِ وجود میں آتا ہے اور منیٰ میں تو غالباً پہلی بار ایسی قیامت خیز آگ لگی مگر جب بھی ایسا حادثہ

پیش آتا ہے تو افواہوں کا سلسلہ شروع ہو جاتا ہے اور مختلف باتیں سننے کو ملتی ہیں۔ کہا جاتا ہے کہ آگ پاکستانی کیمپ نمبر ۱۲ سے شروع ہوئی۔ وہاں گیس کے چولہے پر کھانا پک رہا تھا کہ گیس سلنڈر پھٹ پڑا اور آگ بھڑک اٹھی۔ ہوا بھی تیز چلنے لگی۔ اور اس طرح آگ تیزی کے ساتھ ایک کیمپ سے دوسرے کیمپ میں پھیلنے لگی اور خیمے نذر آتش ہونے لگے۔ سلنڈروں کے پھٹنے کی دل دہلانے والی آوازیں تو ہم لوگ بھی سنتے رہے۔ دیکھتے ہی دیکھتے آگ کیمپ نمبر ۱۰ تک پہنچ گئی۔ جہاں زیادہ تر ہندوستانی حجاج تھے جنوبی مشرقی ایشیائی ممالک کے بھی کچھ حجاج تھے پھر کیمپ نمبر ۵۲، ۵۳، ۵۴، ۵۶، ۵۷، ۵۸، اور ۶۰ بھی زد میں آئے اور تقریباً چھہتر ہزار خیمے جل کر خاک ہو گئے۔ جل کر ہلاک ہونے والوں میں زیادہ تعداد عورتوں، بچوں اور ضعیفوں کی تھی جو خیموں سے نکل کر اپنا بچاؤ نہیں کر سکے کچھ لوگ خیموں سے نکل کر پناہ کے لئے قریب کی پہاڑیوں پر چڑھنے لگے۔ پہاڑیوں کے چٹانیں تپ رہی تھیں۔ ان میں سے کچھ لوگ تو ہیں چپک کر موت کے گھاٹ اتر گئے۔ جو پھسل کر نیچے آئے وہ لپکتے ہوئے خیموں میں گر کر جاں بحق ہو گئے۔ بہت سے لوگ کچلے جانے کے سبب بھی ہلاک ہوئے۔ بھگدڑ کی وجہ سے بچے، عورتیں اور بوڑھے گر رہے تھے اور جو ایک بار گرا وہ دوبارہ نہ اٹھ سکا۔

سعودی حکومت نے جلد ہی بچاؤ کے لئے مورچہ سنبھال لیا اور آگ بجھانے کے سارے وسائل حرکت میں آ گئے۔ ہیلی کاپٹروں سے آگ بجھانے والا گیس چھڑکا جانے لگا۔ حفاظتی فوج کے عملوں، شہری دفاع کے رضاکاروں اور ٹریفک پولس کے لوگوں نے سارے لوگوں کو اپنے گھیرے میں لے لیا اور بھلکنے والے خوف زدہ حاجیوں کو گائیڈ کرنے لگے۔ وزارت حج اور وزارت صحت کے افسر اور کارکن، اسکاؤٹ فلاحی تنظیموں کے رضاکار اور فائر بریگیڈ کے عملے سب مل کر آگ پر قابو پانے کی جان توڑ کوشش کر رہے تھے۔ آگ بجھانے کی جدید تکنیک کا استعمال ہو رہا تھا مگر یہ آگ تو جنگل کی آگ سے بھی زیادہ بھیانک تھی۔ ساری انسانی کوششیں بے بس نظر آ رہی تھیں۔ تاہم خداوند قدوس کا بڑا فضل ہوا کہ چار پانچ گھنٹوں کی جدوجہد

سے بعد آگ پر پوری طرح سے قابو پا لیا گیا۔

ہلاک ہونے والوں کی صحیح تعداد کا اندازہ تو بہت دشوار تھا۔ لاریوں اور گاڑیوں کے ذریعہ لاشوں کو لے جایا جا رہا تھا۔ ان میں سے زیادہ تر اس طرح جلے تھے کہ اُن کی شناخت بھی ممکن نہیں تھی۔ زخمیوں کو ایمبولنس اور دوسرے وسائل سے ہسپتالوں میں لے جایا جا رہا تھا اور وہاں بھی جگہ کم پڑ رہی تھی۔ "روزنامہ اردو نیوز" جدّہ نے ہندوستانی قونصل خانہ جدّہ کے حوالے سے منیٰ میں ہلاک ہونے والے چھیاسی ہندوستانی حجاج کرام کی فہرست شائع کی جس میں مغربی بنگال کے کوئی حاجی شامل نہیں تھے۔ اخبار کے مطابق ہسپتالوں میں زیر علاج ہندوستانی حاجیوں کی تعداد ایک سو اکیانوے (۱۹۱) اور اپنے گھروں میں زیر علاج حاجیوں کی تعداد چھیانوے (۹۶) تھی۔ زخمیوں میں مغربی بنگال کے دو حاجیوں کے نام تھے۔ ایسے حاجیوں کی تعداد بھی کم نہیں تھی جن کا کوئی پتہ نہیں چل رہا تھا۔ اردو نیوز کے مطابق ایسے دو سو بہتر (۲۷۲) ہندستانی حجاج تھے۔ مسجد حرام میں واقع دفتر معلومات میں ہر وقت حجاج کرام کی بھیڑ لگی رہتی تھی جو اپنے لاپتہ اعزا اور احباب کا پتہ لگانے کے لئے پریشان تھے۔

اس بھیانک آتشزدگی کے موقع پر ایثار و قربانی کے واقعات بھی سننے کو ملے۔ صحت مند اور جیالے افراد عورتوں، بچّوں، کمزوروں اور ضعیف العمر لوگوں کی مدد میں لگے تھے اور بغیر کسی امتیاز کے اپنی جان خطرے میں ڈال کر دوسروں کی جانیں بچانے کی فکر میں تھے۔ کتنی ماؤں نے اپنے بیٹوں کو آتش زدہ خیموں سے نکلنے کی قسمیں دیں اور خود شہید ہو گئیں۔ کتنے بیٹوں نے اپنی ماؤں کو پیٹھ پر لاد کر آگ سے نکلنے کی کوشش کی مگر کامیاب نہیں ہوئے اور آگ میں جھلس کر رہ گئے۔ منیٰ اور مکہ کے عملے زخمیوں کی مرہم پٹی اور دلجوئی میں ہمہ تن مصروف تھے۔ سعودی حکومت متاثرین کو راحت پہنچانے کی ساری کوششیں کر رہی تھی۔ وزارت صحت نے مختلف بسوں اور ایمبولنس کی گاڑیوں میں بٹھا کر زخمیوں کو عرفات پہنچایا تاکہ وہ حج کے اہم رکن وقوف عرفات میں شریک ہو سکیں اور اس کے بعد انہیں پھر ہسپتال پہنچایا گیا۔

احتیاطی تدابیر :

سعودی حکومت حج کے انتظامات سال بھر کرتی رہتی ہے جن کے لئے وہ داد و تحسین کی مستحق ہے ۔ اس کے باوجود کبھی کبھی ایسے واقعات ہو جاتے ہیں جن سے ناقابلِ تلافی نقصانات کا سامنا کرنا پڑتا ہے ۔ ان سے بچنے کے لئے مزید چوکسی اور احتیاطی تدابیر کی ضرورت ہے ۔ یہ ذمہ داری صرف حکومت کی نہیں، بلکہ حج میں جانے والوں کی بھی ہے ۔

منیٰ کے خیموں میں کسی قیمت پر سلنڈر لانے اور کھانا پکانے کی اجازت نہ ہو کھانا باہر پکا کر پیکٹوں میں سپلائی کیا جائے ۔ اسی طرح خیموں میں چائے بنانے کی اجازت بھی نہ دی جائے تاکہ چولہا جلانے کی ضرورت نہ ہو خیموں میں آتش گیر اشیاء بھی لے جانے کی اجازت نہ ہو ۔ بیڑی سگریٹ پینے پر بھی مکمل پابندی ہو ۔

خیمے اور دریاں فائر پروف ہوں اور حاجیوں کی کلائیوں پر باندھے جانے والی شناختی پٹیاں بھی ایسی ہوں جو آگ سے محفوظ رہ سکیں تاکہ شناخت میں دقت نہ ہو ۔

ہر خیمے میں فائر الارم کا سسٹم بھی ہو اور ٹین کی چادروں کی باؤنڈری میں متعدد ایمرجنسی دروازے ہوں جن کا علم بھی حاجیوں کو ہو ۔

حاجیوں سے معمولی پریمیم لے کر حج کے سفر اور قیام کے لئے ان کی زندگی کا بیمہ کرایا جائے ۔

ہندستانی سفارت خانے کو جدہ اور مکہ میں ایسے میڈیکل اسٹاف مہیا کئے جائیں جو آگ وغیرہ ایسے ناگہانی حادثات کے علاج کا تجربہ رکھتے ہوں ۔

سفرِ حج میں جانے سے پہلے حاجیوں کو نہ صرف مناسک حج کی تربیت دی جائے بلکہ حادثات کی صورت میں بچاؤ کے طریقے بھی بتائے جائیں ۔

نزلہ زکام :

حج کی بھیڑ اور تھکاوٹ کی وجہ سے حج کے بعد لوگ بیمار پڑنے لگے ۔ گرد و غبار اور ہوائی آلودگیوں کی وجہ سے سردی، زکام، کھانسی اور اعضائے شکنی

کی شکایت عام تھی۔ مجھ پر تو کم لیکن صبیحہ پر زیادہ اثر تھا۔ وہ کئی دنوں تک نڈھال رہیں۔ ہندستانی سفارت خانے کے شفا خانے سے دوا لے آئے، اس سے افاقہ ہوا شفا خانے میں بھی مریضوں کی بھیڑ بڑھ گئی تھی۔ زیادہ تر لوگوں پر یہی فلو جیسا اثر تھا معلوم ہوا کہ حج کے بعد عام طور پر ایسی کیفیت ہو جاتی ہے۔

خواجہ صاحب کا فیکس :

حیدر آباد کے عبدالرب صاحب فیضان صاحب کے تجارتی پارٹنر ہیں اُن کے داماد معین الدین صاحب مکہ معظمہ میں انجینئر ہیں اور منیٰ کے قریب رہتے ہیں۔ فیضان صاحب سے ملنے کے لئے وہ برابر آتے رہے۔ ایک دن وہ محب گرامی جسٹس خواجہ محمد یوسف صاحب کا خط لے کر آئے جو اُن کے پتے پر FAX کے ذریعہ آیا تھا! سی سے خبر ملی کہ مدیر روزنامہ "آزاد ہند" احمد سعید ملیح آبادی صاحب ہندوستانی خیر سگالی وفد کے ساتھ تشریف لائے ہیں۔ منیٰ کے حادثے کے دن ہی انہوں نے اس کی اطلاع فون سے خواجہ صاحب کو دی تھی۔ جب تک خیر نہیں ملی خیریت جاننے کو وہ لوگ پریشان رہے پھر آہستہ آہستہ لوگوں کی خیریتیں ملنے لگیں میں نے بھی فون کر کے اُن کو خیریت بتائی۔

منظور صاحب :

ایک دن ایک پارسی نوجوان ہمیں تلاش کرتے ہوئے قیام گاہ پر پہنچے۔ ہندستانی سفارت خانے سے پتہ لے کر ملنے آئے تھے۔ انہوں نے بتایا کہ اُن کا نام منظور ہے اور رہنے والے رانچی کے ہیں۔ جدہ میں ملازمت کرتے ہیں۔ قیصر نواب فخری سلمہٗ نے دریافت حال کے لئے اُن کو فون کیا تھا۔ منیٰ کے حادثے کی وجہ سے سب لوگوں کو تشویش تھی۔ منظور صاحب کچھ دیر بیٹھے اور حال چال پوچھتے رہے۔ کچھ پھل بھی ساتھ لائے تھے۔ اس روز تو چلے گئے۔ کئی دنوں کے بعد پھر دریافت خیریت کے لئے آئے۔ اُن سے خبر ملی کہ پروفیسر سمیع الحق صاحب سابق صدر شعبۂ اردو رانچی یونیورسٹی بھی اپنی اہلیہ کے ساتھ حج کرنے کے لئے تشریف لائے تھے۔ منیٰ کے حادثے میں دونوں بچھڑ گئے۔ اُن کی اہلیہ سخت

پریشان تھیں کیوں کہ پروفیسر صاحب کا پتہ نہیں چل رہا تھا۔ کئی دنوں کی تلاش کے بعد الحرا اسپتال میں ملے۔ جہاں وہ زیرِ علاج تھے۔ آگ سے بُری طرح زخمی ہوئے تھے۔ صحت یاب ہونے میں کافی وقت لگا۔

النوّر ہسپتال :

نظام الدین صاحب کی اہلیہ روشن صاحبہ کے ایک چچا ظفیر صاحب النوّر اسپتال میں ڈاکٹر ہیں اور کئی سالوں سے مکّہ معظّمہ میں ان کا قیام ہے ڈاکٹر صاحب ان لوگوں سے ملنے ہماری قیام گاہ پر برابر آتے رہے اور یہ لوگ بھی جاتے رہے۔ آدمی مخلص اور صاف دل نظر آئے۔ کئی بار ہم لوگوں کو بھی النور ہسپتال آنے کی دعوت دی مگر موقع نہیں ہو رہا تھا۔ حج کے بعد ایک روز آئے تو پھر اصرار کیا اور ہم نے وعدہ کرلیا۔ اُن سے تو ملاقات ہوگئی تھی مگر ہسپتال دیکھنے کی خواہش تھی۔ چنانچہ ایک دن نظام صاحب اور ان کی بیگم کی معیّت میں ہم النوّر ہسپتال پہنچے ٹیکسی ہر وقت ملتی رہتی ہے اور ہسپتال پہنچنے میں زیادہ وقت نہیں لگتا۔ ڈاکٹر صاحب کا قیام ہسپتال کے کوارٹر میں تھا۔ جب ہم لوگ پہنچے تو یہ ہسپتال سے واپس نہیں آئے تھے۔ حج کے دنوں میں ان لوگوں کی ڈیوٹی بارہ گھنٹے کی ہو جاتی ہے۔ تھوڑی دیر کے بعد ڈاکٹر صاحب آ گئے اور گرم جوشی سے ملے۔

ہسپتال ایک وسیع علاقے پر پھیلا ہوا ہے۔ ظفیر صاحب کے علاوہ اور بھی کئی ہندوستانی ڈاکٹر اور نرسیں اس ہسپتال میں ہیں۔ منیٰ کے بہت سارے لوگ یہاں بھی لائے گئے تھے۔ کیمپ نمبر ۵۹ کے متاثرین کی تعداد زیادہ تھی۔ اُن میں سے کچھ زیرِ علاج تھے اور کچھ صحت یاب ہو کر جا چکے تھے۔ متعدد عورتیں اور مرد اس بھیانک آگ میں اپنے اہلِ خاندان کو اپنی آنکھوں کے سامنے جلتے دیکھ کر دماغی توازن کھو بیٹھے تھے اور ہسپتال میں پاگلوں کی طرح چیختے چلّاتے تھے اور ڈاکٹر اور نرسوں پر حملے کی کوشش بھی کرتے تھے۔ ہسپتال میں اتنی لاشیں آئی تھیں کہ رکھنے کے لئے جگہ نہیں تھی۔

عشاء کی نماز پڑھنے ڈاکٹر صاحب کے ساتھ مسجد گئے جو ہسپتال کے احاطے

ہی میں ڈاکٹر صاحب کے کوارٹر کے پاس تھی۔ مسجد خوبصورت اور آرام دہ تھی۔ فرش پر دبیز قالین بچھا تھا۔ صفائی کا انتظام اعلیٰ درجے کا تھا۔ وضوخانہ اور باتھ روم بہت صاف ستھرے نظر آئے۔ وضو کے لئے گرم پانی بھی تھا۔ مسجد سے واپسی میں ایک سُپر مارکیٹ بھی دیکھا جہاں ضرورت کے سارے سامان نظر آئے۔ خود سامانوں کا انتخاب کر لیجئے اور کاؤنٹر پر قیمت دے کر سامان گھر لے جایئے۔ رات کے اس وقت بھی خرید و فروخت کا سلسلہ جاری تھا۔

آخری جمعہ :

۱۸ ذی الحجہ (۲۵ اپریل) کو مکہ معظمہ میں ہمارا آخری جمعہ تھا۔ سویرے ہی غسل کرکے تیار ہو گئے کہ مسجد حرام میں ہجوم بہت ہوگا۔ حج کے بعد زیادہ تر حجاج ابھی مکہ ہی میں قیام پذیر تھے۔ دس بجے کے قریب بیت اللہ جانے کے ارادے سے نکلے۔ ڈاکٹر برکت اللہ صاحب بھی عمارت کے دروازے پر مل گئے اور ہم ساتھ ہی حرم پہنچے۔ بھیڑ سے بچنے کے لئے تہہ خانہ (Basement) کا رُخ کیا مگر وہاں بھی لوگوں کا ریلا چلا آرہا تھا اور جگہ کم پڑتی جا رہی تھی۔ صبیحہ تو عورتوں کی صف کی طرف بڑھ گئیں اور ہم قریب ہی کسی طرح جگہ بنا کر بیٹھ گئے۔ ابھی اذان میں دیر تھی اس لئے قرآن پاک کی تلاوت کرنے لگے۔ تھوڑی ہی دیر ہوئی تھی کہ اذان سے پہلے ہی عجیب آوازیں آنے لگیں۔ جیسے چھت پر کوئی چیز زوروں سے پھٹ رہی ہو یا ہیلی کاپٹر یا ہوائی جہاز اوپر سے گرا ہو۔ آواز سنتے ہی سب لوگ سراسیمہ ہو کر اُٹھ کھڑے ہوئے اور بھگدڑ مچ گئی۔ مگر خیریت یہ ہوئی کہ آواز جلدی رک گئی اور زیادہ تر لوگوں کے ہوش و حواس بجا رہے اور وہ دوسروں کو باہر نکلنے سے روکتے رہے اس لئے کوئی حادثہ نہ ہو سکا۔ عورتوں کی حالت زیادہ خراب تھی۔ صبیحہ کو دیکھنے کے لئے میں عورتوں کی صفوں کی طرف بڑھا تو دیکھا کہ اس طرف بڑی افراتفری تھی۔ صبیحہ دیوار سے لگی ایک طرف کھڑی گھبراہٹ سے کانپ رہی تھیں۔ واٹر بوٹل ادھر اُدھر ہو گئے تھے۔ جلدی سے تلاش کیا اور پانی لا کر صبیحہ کو دیا۔ وہ تو وہاں ٹھہرنے ہی کو تیار نہیں تھیں تسلّی و تشفی دی تو

ٹھہر گئیں۔ اتنے میں اذان بھی ہو گئی اور لوگ نمازوں کی طرف مشغول ہو گئے۔ آج کے خطبے میں امام حرم نے خدا کی وحدانیت اور اس کی ربوبیت پر زور دیتے ہوئے حج کی ادائیگی پر اطمینان کا اظہار کیا۔ اور حاجیوں کو حج ادا کرنے پر مبارک باد بھی دی۔ خطبہ حسب معمول پُر اثر اور فی البدیہہ تھا۔ نماز کے بعد جب باہر نکلے تو پولس چوکنا نظر آئی اور لوگ بھی گھبرائے ہوئے دکھائی دے رہے تھے مگر یہ نہیں پتہ چل سکا کہ کیا ہوا تھا۔

غلافِ کعبہ:

ہر سال ۱۰ ذی الحجہ کو کعبے کا غلاف تبدیل ہوتا ہے اور اس تقریب میں حکومت کے عمائدین، حرمین شریفین کے انتظامیہ کے اراکین اور شاہی خاندان کے دوسرے افراد شریک ہوتے ہیں۔ اس سال بھی یہ تقریب منعقد ہوئی اور خانہ کعبہ پر نیا غلاف چڑھایا گیا جس کی تیاری میں سعودی حکومت نے ایک کروڑ ستر لاکھ ریال خرچ کئے۔ خالص سونے کے تار سے قرآن شریف کی آیت کریمہ کی کڑھائی کا کام ہوا۔

خانہ کعبہ کے لئے سب سے پہلا پردہ یا غلاف حضرت اسمٰعیل علیہ السّلام نے بنوایا تھا۔ اس کے بعد وقتاً فوقتاً مختلف قبیلوں کے سردار خانۂ کعبہ پر غلاف چڑھاتے رہے جو مختلف رنگ کے ہوتے تھے۔ قریش ہر سال یوم عاشورہ (۱۰ محرم) کو کعبہ کا غلاف بدلتے تھے اور احترام کے طور پر روزہ بھی رکھتے تھے خانہ کعبہ پر پہلا ریشمی غلاف جناب عبدالمطلب کی زوجہ نے اپنے بیٹے حضرت عباسؓ کے گم ہو کر ملنے پر چڑھایا۔ خلفائے راشدین کے عہد میں بھی غلاف چڑھانے کا سلسلہ جاری رہا۔ دورِ امیہ میں ۱۰ محرم کو دیباج کا غلاف اور ۲۹ رمضان کو قباطی غلاف خانۂ کعبہ پر چڑھایا جاتا تھا جو دمشق سے آتے تھے۔ خلفائے بنی عباس ہر سال بغداد سے غلاف روانہ کرتے تھے۔ یہ غلاف شروع میں سفید رنگ کا ہوتا تھا پھر اس کا رنگ سبز ہوا اور آخر میں سیاہ ریشم سے تیار ہونے لگا۔ اس کے بعد سے آج تک

غلاف کا رنگ سیاہ ہے۔ عثمانی سلاطین کے عہد میں غلاف کعبہ مصر سے بن کر آتا تھا جس پر آیت قرآنی کی کشیدہ کاری زری سے ہوتی تھی۔ اب مکہ ہی میں غلاف کعبہ تیار ہوتا ہے۔ یہاں اس کی تیاری کے لئے ایک کارخانے کا قیام عمل میں آیا ہے جو چھ شعبوں پر مشتمل ہے۔ یہاں ماہرین سال بھر اس کی تیاری میں مصروف رہتے ہیں کام زیادہ تر ہاتھوں سے ہوتا ہے تاکہ غلاف کی نفاست و عظمت برقرار رہے۔

مکّہ کے مقدّس مقامات : مکہ مسلمانوں کا قبلہ ہے۔ خدا کا پہلا گھر یہیں تعمیر ہوا اور یہیں اس انسان کامل کی ولادت ہوئی جس نے اپنے اخلاق و عادات اور تعلیم و تربیت سے دنیا کی کایا پلٹ دی۔ یہاں کی ہر گلی، ہر کوچہ اور ہر گھر اپنے اندر ایک تاریخ رکھتا ہے۔ پہاڑیوں کی چٹانیں اور راستے کے پتھر زبان حال سے اسلام کی تاریخ سناتے ہیں۔ حرم شریف کے قرب و جوار میں جو زیارت گاہیں واقع ہیں اُن کا یہاں اجمالی ذکر کیا جارہا ہے۔

مُولدُ النبیؐ : رسول اللہ صلی اللہ علیہ وسلم کی جائے پیدائش شعب ابی طالب میں واقع ہے۔ نئی توسیع میں یہ مکان شارع ملک سعود نامی سڑک کے کنارے آگیا ہے۔ یہاں ان دنوں ایک کتب خانہ مکتبۃ الحرام اور ایک مدرسہ قائم ہے۔

مُولدِ صدّیقؓ : خلیفۂ اوّل حضرت ابوبکر صدیقؓ کی جائے پیدائش حرم کی جانب سے محلہ مسفلہ میں داخل ہوتے ہی دائیں ہاتھ کی گلی میں واقع ہے۔

مُولدِ علیؓ : حضرت علی کرم اللہ وجہٗ کی جائے پیدائش مولدُ النبیؐ کے قریب شارع ملک سعود پر واقع ہے۔

حضرت خدیجہؓ کا گھر : یہ شارع فیصل پر ایک گلی میں واقع ہے۔ یہیں

حضرت فاطمۃ الزہرہؓ اور حضورؐ کی دوسری اولاد پیدا ہوئی تھیں۔ آپؐ کا قیام بھی ہجرت تک اسی مکان میں رہا۔ یہاں ان دنوں ایک مدرسہ قائم ہے جہاں بچے قرآن شریف حفظ کرتے ہیں۔

جنّتُ المعلّٰی: مکّہ معظمہ کا یہ تاریخی قبرستان شارع غزہ پر واقع ہے ان دنوں اس کے درمیان سڑک نکال کر اُسے دو حصوں میں تقسیم کر دیا گیا ہے اتر کی طرف ایک چھوٹے سے احاطے میں ام المومنین حضرت خدیجۃ الکبریٰ رضی اللہ تعالیٰ عنہا اور رسول خدا صلی اللہ علیہ وسلم کے اجداد کی قبریں ہیں اور دکھن حصے میں بہت سے صحابہ کرام رضی اللہ عنہم مدفون ہیں حضور کی والدہ ماجدہ حضرت آمنہؓ، آپؐ کے دادا جناب عبدالمطلب اور چچا جناب ابو طالب کی قبریں بھی یہیں ہیں۔ حضورؐ کے صاحبزادگان کے مزارات بھی یہیں ہیں۔ بہت سے اولیاء اللہ اور علماء کرام بھی یہاں مدفون ہیں لیکن قبروں کے نشانات نہیں ہیں۔ اس مقدس قبرستان کی زیارت مسنون ہے۔ یہاں جاکر مغفرت کی دعا کرنی چاہیے اور درود و سلام پیش کرنا چاہیے۔

مسجدِ تنعیم: یہ مکہ معظمہ سے شمال کی جانب ڈھائی تین کلومیٹر کے فاصلے پر واقع ہے۔ ام المومنین حضرت عائشہ رضی اللہ تعالیٰ عنہا نے رسول اکرمؐ کے ارشاد کے مطابق عمرے کا احرام یہیں سے باندھا تھا۔ اس لئے اسے مسجد عائشہ یا مسجد عمرہ بھی کہتے ہیں جو لوگ مزید عمرہ کرنا چاہتے ہیں وہ اس مسجد سے احرام باندھتے ہیں۔ یہاں جانے کے لئے مسجد حرام سے ٹیکسیاں ہر وقت ملتی ہیں اور دو ریال کرایہ لیتی ہیں۔

جبل نور: مکّہ معظمہ سے ڈھائی تین کلومیٹر شمال مشرق کی طرف یہ پہاڑی واقع اور مکہ سے منیٰ جاتے ہوئے راستے میں بائیں طرف پڑتی ہے۔ اسی پہاڑ کی چوٹی پر غار حرا واقع ہے جہاں حضورؐ اپنا زیادہ وقت عبادت الٰہی میں گزارتے تھے یہیں

رسول اکرمؐ پر پہلی وحی رمضان المبارک کی ایک مقدس رات کو نازل ہوئی اور آپ منصب رسالت پر فائز ہوئے اور اس طرح یہیں سے تعلیمات ربانی کا نور چار دانگ عالم میں پھیلا۔

جبلِ ثور: مکہ معظمہ سے تقریباً چھ کلومیٹر کے فاصلے پر یہ پہاڑی واقع ہے۔ اس کے ایک غار میں آپ نے حضرت ابوبکر صدیقؓ کے ساتھ ہجرت کے موقع پر تین روز قیام فرمایا تھا۔ اس کی چڑھائی بہت مشکل ہے۔ کمزوروں اور ضعیفوں کو اس پر نہیں چڑھنا چاہیے۔

بھکاری اور جیب کترے: مکہ معظمہ اور مدینہ منورہ میں فٹ پاتھ پر اور گلیوں میں بھیک مانگنے والے بھی نظر آئے۔ ان میں مرد بھی تھے اور برقع پوش عورتیں بھی۔ مرد گداگروں میں سے اکثر اپاہج تھے۔ کسی کے دونوں ہاتھ کٹے تھے اور کوئی پاؤں سے معذور تھا۔ معلوم ہوا کہ یہ سزا یافتہ تھے اور اب بھیک مانگ کر گزارا کر رہے تھے۔ صفا اور مروہ کے درمیان اور نماز کے اوقات میں مسجد حرام کے اندر صفوں کے درمیان بھی عورتوں اور مردوں کو امداد و خیرات طلب کرتے دیکھا اہلِ خیر حضرات سے جو بن پڑتا ان کی امداد کرتے تھے۔ نماز کے اوقات میں مسجد کے اندر دستِ سوال پھیلانا بہت نامناسب اور غیر مستحسن معلوم ہوتا ہے۔ اس سے عبادت و تلاوت میں یکسوئی نہیں ہوتی۔ اور خشوع و خضوع میں، جو عبادات کی روح ہے، خلل پڑتا ہے۔ اگر سعودی حکومت اس پر پابندی لگادے تو حاجیوں کو راحت ملے۔

سعودی عرب میں چوری اور جیب تراشی کی سخت سزا ہے۔ اس کے باوجود کبھی کبھی چوری اور جیب تراشی کے واردات بھی ہو جاتے ہیں۔ طواف کے وقت بھیڑ میں اکثر جیب کٹ جاتی ہے۔ عرفات اور مزدلفہ میں بھی ایسے واقعات سننے میں آئے۔ صرف مرد ہی نہیں بلکہ عورتیں بھی اس کی مرتکب پائی گئیں۔ عرفات میں صبیحہ چند

عورتوں کے ساتھ باتھ روم گئیں۔ باتھ روم کے باہر ایک خاتون کی جیب کٹ گئی اور انہیں پتہ بھی نہیں چلا جب قیام گاہ آئیں تو ہکا بکا رہ گئیں۔ اژدہام کی جگہوں پر جیب کتروں سے ہوشیار رہنے کی ضرورت ہے۔

چند مشورے :

جب عازمین حج جدہ ہوائی اڈے پر اترتے ہیں تو وہاں امیگریشن پاس کی جانچ اور کسٹم وغیرہ کے مختلف مراحل سے گزرنا پڑتا ہے۔ یہ بالکل اجنبی ہوتے ہیں اور زبان کی ناواقفیت بھی آڑے آتی ہے وہاں وہ بے یار و مددگار ہوتے ہیں اور کوئی یہ بتانے والا بھی نہیں ہوتا کہ انہیں کہاں جانا اور کیا کرنا ہے اگر ہندوستانی سفارت خانے کے آدمی اپنی شناخت کے ساتھ وہاں موجود رہیں اور حاجیوں کی رہنمائی کریں تو اُن کی بیشتر پریشانیاں دور ہو سکتی ہیں۔

ہوائی اڈے سے معلمین کی بسیں حاجی صاحبان کو مکہ معظمہ لے جاتی ہیں اور اس وقت سے واپسی تک یہ معلمین کے حوالے ہوتے ہیں۔ ان کے قیام کا انتظام، انہیں مدینہ منورہ لے جانا، ایام حج میں مختلف مقامات تک پہنچانا، مناسک حج کی رہبری کرنا اور ان کی دیکھ بھال یہ سب معلمین کی ذمہ داری ہوتی ہے مگر اب معلمین کا تقرر حکومت سعودی عرب کرتی ہے اور حجاج کرام سے براہ راست ان کا کوئی تعلق نہیں ہوتا اس لئے اپنی ذمہ داریوں کو کما حقہٗ ادا نہیں کرتے! وہ حاجیوں کو مکہ معظمہ پہنچا کر سمجھتے ہیں کہ ذمہ داری پوری ہو گئی۔ بسا اوقات ایسا بھی ہوا کہ کسی پریشانی کے عالم میں حجاج معلم کے دفتر گئے مگر وہاں کبھی کسی نے صحیح رہنمائی نہیں کی اور دست تعاون نہیں بڑھایا۔ اگر معلمین کے نمائندے حاجیوں کی قیام گاہوں پر گئے جاتے رہیں تو حجاج کو بہت سی دشواریوں سے نجات مل سکتی ہے۔

اسی طرح ہندستانی سفارت خانے کے عملے اور حج کمیٹی کے ارکان بھی مکہ اور مدینہ میں حاجیوں سے رابطہ رکھیں اور ان کی قیام گاہوں پر جا کر اُن کے دُکھ درد معلوم کریں تو بہت سی مشکلات پر قابو پایا جا سکتا ہے۔

حجاج کرام کو یہ بھی بات ذہن میں رکھنی چاہیئے کہ حج جہادِ اصغر ہے۔ اسی لیے اس میں تکلیفوں اور صعوبتوں کا سامنا کرنا پڑتا ہے اور بہت سی باتیں مزاج کے خلاف ہوتی ہیں ان کو خندہ پیشانی سے سہنا چاہیئے اور اپنے حسن اخلاق سے دوسروں کے دلوں کو جیتنے کی کوشش کرنی چاہیئے کیوں کہ اس مقدس سفر کا ہر لمحہ عبادت ہے۔

مکّہ میں آخری دن :

۲۲ ذی الحجہ ۱۴۱۷ھ (۲۹ اپریل ۱۹۹۷ء) مکّہ میں ہمارا آخری دن تھا حسرت ویاس کے جذبات کے ساتھ فجر کی نماز مسجد حرام میں ادا کی۔ اور دیر تک بیت اللہ پر نظریں مرکوز رہیں۔ پتہ نہیں خانہ کعبہ میں کیا کشش ہے کہ جی چاہتا ہے کہ اسے دیکھتے چلے جائیں۔ دل ذرا اکتاتا نہیں ہے پھر مطاف ہے جہاں چوبیس گھنٹے طواف ہوتا رہتا ہے اور مختلف قومیتوں کے رنگا رنگ لوگ عقیدت و محبت کے ساتھ اس سنت ابراہیمی میں مصروف نظر آتے ہیں۔ حرم شریف میں لاکھوں کی تعداد میں ہر ملک کے زائرین نمازیں پڑھتے رہتے ہیں، قرآن خوانی میں مصروف رہتے ہیں اور درود و تسبیح کا ورد کرتے رہتے ہیں! اس ارضِ پاک میں حاضری کو چالیس دن ہونے کو آئے لیکن کچھ پتہ نہیں چلا کہ وقت کس طرح گزر گیا منیٰ میں ایسا دل دوز حادثہ ہوا کتنے بچے، جوان، بوڑھے، عورتیں اور مرد اللہ کو پیارے ہوگئے اور کتنے زخمی ابھی ہسپتال میں پڑے تھے اس کے باوجود دل تھا کہ اس دیارِ رنگ و نور سے رخصت ہونے کو کسی طرح آمادہ نہیں۔ ہر وقت یہ خیال آتا رہا کہ خدا جانے پھر اس ارضِ پاک کی زیارت اور حرم شریف میں جبیں سائی نصیب ہوتی ہے یا نہیں۔ یہی سوچ کر طبیعت اُچاٹ رہی۔ صبیحہ بھی اسی کیفیت سے دوچار رہیں۔

مسجد حرام سے کچھ فاصلے پر آبِ زم زم کے پائپ لگے ہیں وہیں سے حجاج وطن کے لیے آبِ زم زم لاتے ہیں۔ وسیم سلّمہٗ ہمارے کین میں بھی وہاں سے زم زم بھر لائے۔

طوافِ وداع :

۳۰ اپریل کی صبح کو جدّہ روانہ ہونا تھا۔ مکہ معظّمہ کے چھوٹنے کا اثر دل پر ایسا تھا کہ رات کو پُرسکون نیند نہیں آسکی اور دو ہی بجے اُٹھ بیٹھے

دیارِ حرم میں (حج سفر نامہ) علقمہ شبلی

۱۰۶

اور وضو کرکے صبح کے ساتھ حرم روانہ ہو گئے۔ اس وقت بھی لوگ طواف میں معروف تھے گو ہجوم زیادہ نہیں تھا۔ ہم لوگوں نے بھی طواف وداع اسی وقت کر لیا اور دعا کرتے رہے کہ اے ربّ کارساز! تیرے فضل و احسان کا شکر ادا نہیں ہو سکتا کہ تو نے مجھ جیسے بندۂ ناچیز کو اپنے گھر کی جبیں سائی کا شرف بخشا اب رخصت کے وقت یہی استدعا ہے کہ اس دیارِ پاک میں حاضری کی سعادت پھر نصیب کر اور اپنے گھر کی خاکِ پاک کو آنکھوں کا سرمہ بنانے کا موقع پھر عطا فرما۔ طواف کے بعد مقام ابراہیم کے پاس دو رکعت نماز ادا کی اور پھر سیر ہو کر آبِ زم زم نوش کیا۔ فجر کی نماز جماعت کے ساتھ ادا کر کے مسجد حرام سے رخصت ہوئے۔ یہ وقت بڑا کٹھن تھا۔ قدم دروازے کی طرف بڑھ رہے تھے اور آنکھیں تھیں کہ بیت اللہ سے ہٹ نہیں رہی تھیں۔ دل و دماغ کی اس کشمکش میں پُرنم آنکھوں اور محزوں دل کے ساتھ خانۂ کعبہ سے باہر قدم رکھا۔

طواف وداع، جسے طواف افاضہ اور طواف صدور بھی کہتے ہیں، واجب ہے اور سب طواف کی طرح اس طواف میں بھی حجرِ اسود کو بوسہ دینا (یا استلام کرنا)، خانۂ کعبہ کے سات چکر لگانا، مقام ابراہیم پر دو رکعت نماز پڑھنا، آبِ زم زم پینا اور اگر موقع ملے تو ملتزم سے لپٹ کر دعائیں کرنا سب کچھ بدستور ہیں۔ فرق صرف اتنا ہے کہ اس میں رمل نہیں ہوتا۔

مکّہ سے واپسی

ناشتہ کرکے قیام گاہ واپس آئے۔ سب لوگ روانگی کی تیاری میں لگے تھے۔ تقریباً سات بجے بسیں سڑک پر آکر لگیں۔ سب لوگوں کو بس نمبر دے دیا گیا تھا، جن سے انہیں روانہ ہونا تھا۔ ایک مشکل مسئلہ سامانوں کو بس تک پہنچانا تھا۔ قلی ٹرالیوں کے ذریعہ سامان لے جارہے تھے مگر سب لوگ چاہتے تھے کہ پہلے ان کا سامان چلا جائے اس لئے بڑی آپا دھاپی ہو رہی تھی اور لوگ اپنے سامانوں کے ساتھ بلڈنگ کے باہر کھڑے تھے جس سے راستہ چلنا اور سامان لے جانا دشوار ہو گیا تھا۔ اس میں سامانوں کے بھی ادھر اُدھر ہو جانے کا خطرہ تھا۔ جب کچھ بھیڑ چھٹی تو ہم لوگ بھی سامان ٹرالی کے ذریعہ لے کر بس تک پہنچے۔ عورتیں فیضان صاحب کے ساتھ پہلے جا چکی تھیں۔ دس بجے کے قریب بس روانہ ہوئی۔ ائرکنڈیشن کھلا تھا اس وجہ سے گرمی نہیں تھی اور ڈرائیور بھی خوش مزاج تھا۔ مکّہ سے جدّہ تک کا راستہ بہت کشادہ ہے اور سڑک کی دونوں جانب نئی نئی عمارتیں اور کھجور کے درخت بھی ہیں۔ جا بہ جا سائن بورڈ پر نہایت روشن اور دیدہ زیب خط میں بِسْمِ اللّٰہِ، اَلْحَمْدُ لِلّٰہِ، سُبْحَانَ اللّٰہِ اور اَسْتَغْفِرُ اللّٰہ لکھے ہوئے نظر آئے۔ تھوڑے تھوڑے فاصلے پر خوش نمائی اور فلائی اُوور بھی تھے جو

پہاڑیوں کو کاٹ کر بنائے گئے تھے۔ جب جدہ تھوڑی دور رہ گیا تو ٹائر پنکچر ہوگیا۔ ہم نے سمجھا کہ اس کو تبدیل کرنے میں کافی وقت لگے گا لیکن ڈرائیور ماہر تھا اس کے بدلنے میں زیادہ دیر نہیں ہوئی۔

مدینتہ الحجاج میں :

تقریباً ایک بجے ہم لوگ جدہ حج ٹرمینل (مدینۃ الحجاج) پہنچ گئے۔ جیسا کہ پہلے عرض کیا جا چکا ہے مدینۃ الحجاج خاص طور سے زائرین حج کے لئے تعمیر ہوا ہے۔ یہ خیمہ نما عمارت ایک وسیع رقبے میں پھیلی ہوئی ہے۔ حج کے موسم میں یہ ہوائی اڈہ بہت مصروف رہتا ہے۔ دنیا کے مختلف ممالک سے ہوائی جہاز ہر وقت آتے جاتے رہتے ہیں۔ مختلف ملکوں کے سفارت خانوں کے ذیلی دفاتر بھی یہاں ہیں جہاں اس ملک کا پرچم بھی لہراتا رہتا ہے۔ ہم لوگوں نے ہندستانی سفارت خانے کے پاس سامان رکھا اور چادریں بچھا دیں۔ سفارت خانے کے عملے مصروف کار نظر آئے۔ یہاں پھلوں اور دوسری ضرورت کی چیزوں کی دکانیں، چائے خانے، ٹھنڈے مشروبات کے اسٹال، طعام خانے (مَطعَم) پورے ٹرمینل میں جا بہ جا موجود تھے۔ قیمتیں یہاں بھی مکے اور مدینے کی طرح تھیں ائر لائن کے دفاتر اور مختلف بینکوں کی شاخیں بھی قائم تھیں۔ بینکوں سے مختلف ممالک کے سکوں کا تبادلہ بھی کیا جا سکتا ہے۔ ہمارا جہاز پہلی مئی کی شام کو پانچ بج کر چالیس منٹ پر پرواز کرنے والا تھا۔ اس لئے کل شام تک اسی مدینۃ الحجاج میں قیام کرنا تھا۔ یہاں عورتوں اور مردوں کے قیام کے لئے الگ الگ انتظام نہیں۔ اگر ایسا کچھ انتظام ہوتا تو زیادہ مناسب ہوتا اور غالباً شرعی نقطۂ نگاہ سے بھی یہ زیادہ موزوں ہوتا۔ ایک ساتھ قیام میں لاکھ احتیاط برتی جائے کچھ نہ کچھ بے حجابی ہو ہی جاتی ہے۔ دن تو کسی طرح گزر گیا۔ رات کے وقت صبیحہ، طلعت اور نزہت کے ساتھ رہ گئیں اور میں قریب ہی ایک مسجد میں کمر سیدھی کرنے چلا گیا۔ یہاں تھوڑے تھوڑے فاصلے پر نماز کے لئے جگہیں مخصوص کر دی گئی ہیں جہاں پانچوں وقت با جماعت نماز ہوتی ہے قالین کا فرش بھی بچھا رہتا ہے۔ میں جہاں سویا تھا وہاں پہلے سے بھی اور لوگ آرام کر رہے تھے۔ تھکا ہوا تو تھا ہی جلد ہی نیند آگئی۔

صبح تین بجے ہی بیدار ہوگیا۔ پانی کی یہاں قلت نہیں جا بہ جا باتھ روم اور وضو خانے تھے۔ اُٹھ کر پہلے قیام کی جگہ کا چکر لگا آیا۔ زیادہ تر لوگ آرام کر رہے تھے پھر وضو کر کے جماعت کے ساتھ نماز ادا کی۔ خبر ملی کہ ہندستان کے لئے صبح کو دہلی کی پرواز ہے اِس کے بعد ہوائی جہاز مدراس جائے گا اور شام کو جہاز کلکتہ کے لئے پرواز کرے گا۔ واپس ہونے والے حاجیوں کی تعداد کافی تھی جن کے سامان وزن کرنے میں کافی وقت لگتا تھا اس لئے ہوائی جہاز وقت پر روانہ نہیں ہو پاتا تھا اور گھنٹوں کی تاخیر ہو جاتی تھی۔

ہندستان کے لئے ہوائی جہاز کو چینل نمبر چھ (Channel 6) سے پرواز کرتا تھا۔ جہاں سامان لے جانا بھی ایک مسئلہ تھا۔ لوگ سامان ٹرالیوں کے ذریعہ لے جا رہے تھے۔ ہم لوگوں کو بھی فکر ہوئی کہ ٹرالی حاصل کی جائے۔ ٹرالیاں چینل کے اندر رہتی ہیں اور مسافر انہیں سامان لانے اور لے جانے کے لئے استعمال کر سکتے ہیں لیکن حج کے زمانے میں مسافروں کا اژدہام ہوتا ہے اور ہر ایک کو ٹرالی کی ضرورت پڑتی ہے اس لئے ہوائی جہاز کے عملے اور قلی ناجائز فائدہ اُٹھاتے ہیں۔ چنانچہ ہم نے بھی دس ریال دے کر ایک ٹرالی حاصل کی۔ ایک اور ٹرالی بھی لائی گئی اور ہم لوگوں نے اپنے سامان لاد دیئے عام طور سے ایک مسافر اپنے ساتھ پینتیس کلوگرام (35 Kg) سے زیادہ سامان نہیں لا سکتے لیکن حاجیوں کو مزید دس کلوگرام (10 Kg.) کی چھوٹ دی گئی تھی۔
آبِ زم زم کا وزن اس میں شامل نہیں تھا۔ سامانوں کا وزن سفارت خانے کے دفتر کے پاس بھی ہو رہا تھا اور کافی لوگ قطار میں کھڑے ہو کر وزن کروا رہے تھے پانچ بجے کے بعد ٹرالیاں حج چینل کی طرف روانہ ہونے لگیں ہر شخص کو یہ فکر تھی کہ پہلے وہ اندر پہنچ جائے۔ حالاں کہ سب حاجیوں کو لے کر ہی جہاز کو پرواز کرنا تھا۔ ہم لوگوں میں انتظار اور صبر کا مادہ کم ہے اس لئے پریشانی ہوتی ہے۔ اگر ذرا ترتیب و تنظیم سے یہ کام ہو تو وقت بھی کم لگے اور بیجا پریشانی بھی نہ ہو۔

ہم لوگ تقریباً چھ بجے شام کو سامان کے ساتھ چینل کے اندر پہنچے۔

وہاں عجیب افراتفری کا عالم تھا۔ ہر طرف سامان بکھرے پڑے تھے۔ نقل وحمل دشوار تھی۔ وہاں تک سامان لے جانے کے لئے ایرلائنز کے قلی تھے۔ انہوں نے سامان وہاں تک پہنچا تو دیا لیکن بخشش کے طلب گار بھی ہوئے۔ پانچ ریال دے کر کسی طرح پیچھا چھڑایا۔ وہ تو دس ریال سے کم پر راضی ہی نہیں ہو رہے تھے۔ جدہ کے بعد سعودی عرب کے سکوں کی ضرورت نہیں رہتی ہے۔ وہاں کی جو رقم تھی جدہ میں تقریباً خرچ ہو چکی تھی اس لئے قلیوں کو زیادہ دینا ممکن بھی نہیں تھا۔ سامان کے ساتھ قطار میں کھڑے ہو گئے اور آہستہ آہستہ آگے بڑھتے رہے۔ نو بجے کے قریب ہماری باری آئی اور سامان وزن کیا گیا۔ ہم چھ آدمیوں کے سامان ایک ساتھ وزن ہوئے۔ جن لوگوں کے سامان مقررہ حد سے زیادہ تھے، ان میں سے بعض وزن کرنے والے عملہ سے ترش کلامی بھی کر رہے تھے اور کچھ لوگ خوشامد پر بھی اتر آئے تھے یہ سب حرکتیں مناسب نہیں ہیں۔ ان سے قومی وقار پر حرف آتا ہے اور حج کا تقدس بھی مجروح ہوتا ہے۔ حج ایک فریضہ ہے، تجارت یا تفریح نہیں اس لئے اس کا مقصد اشیاء تعیش کی خریداری نہیں بلکہ سنت نبوی کی پیروی ہونا چاہئے تبرک کے طور پر اور گھریلو استعمال کے لئے کچھ چیزوں کی خریداری میں حرج نہیں ہے۔
فریضۂ حج ادا کرنے کے بعد حاجی کی نسبت بیتِ عتیق سے ہو جاتی ہے اور اس کا نام بیت اللہ کے ساتھ جڑ جاتا ہے۔ اس لئے کوشش کرنی چاہئے کہ کوئی ایسا کام نہ کریں جس سے اس نسبت پر آنچ آئے اور کردار کی پاکیزگی کو ٹھیس لگے۔

انتظار خانے میں :

وزن کا مرحلہ طے ہو جانے کے بعد پلگرم پاس (پاسپورٹ) ملا۔ سامان تو براہ راست جہاز میں بھیج دیا گیا اور ہم انتظار خانے پہنچے۔ یہاں حجاج کرام کا ہجوم تھا جس کی وجہ سے ایک ہنگامہ برپا تھا۔ یہاں سے رخصت ہوتے وقت ہر حاجی کو سعودی حکومت کی طرف سے قرآن مجید کا ایک خوبصورت نسخہ بطور تحفہ دیا گیا۔ اس کے لئے پہلے عورتوں کی قطار لگی اور پھر مرد قطار میں کھڑے ہوئے۔ اس موقع پر بھی ڈسپلن اور تنظیم کا فقدان نظر آیا۔ ہم لوگ قطار کے آخری کنارے پر تھے۔ قرآن مجید کا نسخہ

لے کر باہر نکلے۔ جہاں بس کھڑی تھی اس سے جہاز تک پہنچا دیئے گئے۔ عورتیں پہلے جا چکی تھیں اور نشستوں پر بیٹھ چکی تھیں۔ تقریباً ساڑھے دس بجے (ایک بجے ہندستانی وقت) ہوائی جہاز نے کلکتہ کے لئے پرواز کی۔ ہم نے باچشم نم جدّہ کو آخری سلام کیا اور ربِّ کعبہ سے یہ دعا بھی کی کہ اس دیارِ پاک میں پھر حاضری کی توفیق عنایت فرما۔

ہوائی جہاز میں:

جہاز سے تقریباً چار سو (۴۰۰) حجاج کرام سفر کر رہے تھے۔ اُن میں سے بیشتر کے چہروں پر فریضۂ حج کی ادائیگی کی مسرت نمایاں تھی اور اس کی شگفتگی بھی تھی کہ صحت و سلامتی کے ساتھ وطن واپس ہو رہے ہیں۔ شروع میں تو جہاز ہچکولے کھاتا رہا لیکن تھوڑی دیر کے بعد رفتار میں ہمواری آگئی۔ رات ہونے کی وجہ سے باہر کے مناظر دیکھنا ممکن نہیں تھا۔ تھوڑی دیر کے بعد بند ٹرے میں کھانا پیش کیا گیا۔ رات زیادہ ہوگئی تھی اس لئے بھوک لگ رہی تھی۔ کھانا ایک آدمی کے لئے کافی تھا سیر ہو کر کھایا۔ کھانے سے فارغ ہو کر سوتے جاگتے سفر جاری رہا۔ صبح کو جب آنکھ کھلی تو معلوم ہوا کہ کلکتہ قریب آرہا تھا سارے مسافروں میں بیداری کی لہر دوڑ گئی تھی اس وقت جہاز کے عملے نے ناشتہ پیش کیا۔ تھوڑی دیر میں اعلان ہوا کہ جہاز نیچے اترنے والا تھا۔ ہم سب بھی اترنے کو تیار ہو گئے۔ ہندستانی وقت کے مطابق صبح سات بجے ہوائی جہاز سوبھاش چندر بوس، بین الاقوامی ہوائی اڈہ پر اُترا۔

ہوائی اڈے پر:

ہوائی جہاز سے اُتر کر تھوڑی دور بڑھے تھے کہ وزیر فلاح و ترقیات اقلیات حکومت مغربی بنگال محمد امین صاحب سے ملاقات ہوئی۔ جو بہ نفس نفیس حاجی صاحبان کے استقبال کو موجود تھے۔ آگے بڑھنے پر منظور علی صاحب (رائل انڈین ہوٹل) پر نظر پڑی وہ بھی حجاج کرام کے استقبال کے لئے تشریف لائے تھے۔ جب لاؤنج میں پہنچے تو عزیزی ضیاء الدین انور نظر آگئے جو فارم پُر کرنے میں حجاج کی مدد

علقمہ شبلی

کر رہے تھے۔ جلد ہی انہوں نے ہمارا فارم بھر دیا جسے دیکھ کر پاسپورٹ پر مہر لگ گئی۔ اب ہمیں باہر جانے کی اجازت تھی مگر باہر نکلنے سے پہلے سامان اکٹھا کرنا تھا۔ بھیڑ زیادہ تھی اور سامان تاخیر سے آرہا تھا۔ اس لئے سامانوں کو تلاش کرنے میں دشواری ہو رہی تھی۔

اس دوران عزیزی زاہد الرحمٰن (ڈی۔ ایس۔ پی)، عزیزی محمد ریاض (پولس انسپکٹر) اور کچھ دوسرے شاگرد مل گئے، جنہوں نے کچھ کرنے نہ دیا اور خود سامانوں کو اکٹھا کرکے ٹرالیوں پر لاد دیا اور لاؤنج سے باہر بھی لے آئے۔ کسی طرح کی چیکنگ نہیں ہوئی۔ باہر ہزاروں استقبال کرنے والے اپنے رشتہ داروں اور دوستوں کا انتظار کر رہے تھے۔ حادثۂ منیٰ کی وجہ سے اُن کی تعداد کچھ زیادہ ہی تھی۔ ہم جیسے ہی لاؤنج سے باہر آئے۔ ہمارے اہل خانہ: سعد اللہ، شہزاد، شہنواز، نازو، شبانہ، سیما، ترنم اور تنویر وغیرہ نے گھیر لیا اور معانقہ و مصافحہ کا سلسلہ شروع ہو گیا۔ سارے لوگوں کی آنکھوں میں خوشی کے آنسو تھے اور شادیٔ مرگ کی سی کیفیت نظر آرہی تھی۔ شمس النساء باجی نشاط، روح اللہ، والدۂ ترنم، والدۂ منتظر امام اور آصف وغیرہ بھی آئے تھے۔ لوگوں نے پھولوں کے ہار سے لاد دیا اور حج کی ادائیگی اور صحت و سلامتی کے ساتھ واپسی کی مبارک باد دی۔ یسین رضا (صدر مسلم پروگریسیو سوسائٹی) اور مشتاق احمد صدیقی صاحب بھی ہوائی اڈے پر پھولوں کا ہار لے کر پہنچے تھے۔ گھر پہنچتے پہنچتے دس بج گئے۔

حج کا یہ مبارک سفر جس کا آغاز کلکتہ سے جمعرات ٢٠ مارچ ١٩٩٧ء مطابق ١٠ ذی القعدہ ١٤١٧ھ کو ہوا تھا، خدائے برتر کے فضل و کرم سے جمعہ ٢ مئی ١٩٩٧ء مطابق ٢٤ ذی الحجہ ١٤١٧ھ کو بخیر و خوبی ختم ہوا۔